Maria A. Pfeifer

Eifel-Blicke
Kalkeifel und Hocheifel   Band 2

Gefördert durch:

Ministerium für Klimaschutz, Umwelt, Landwirtschaft, Natur und Verbraucherschutz des Landes Nordrhein-Westfalen

Maria A. Pfeifer

Eifel-Blicke
Band 2
Kalkeifel und Hocheifel

Mit 28 Panoramen und 5 Wanderungen

J.P. Bachem Verlag

Alle Daten und sonstige Informationen im vorliegenden Buch sind mit größter Sorgfalt recherchiert und zusammengestellt worden. Autorin und Verlag können jedoch keine Gewähr oder Haftung für eventuelle Änderungen oder Fehler übernehmen. Sollten sich dennoch falsche Angaben eingeschlichen haben, wären wir für einen Hinweis dankbar.

Titelbild: Eifel-Blick „Kalvarienberg" bei Blankenheim-Alendorf
Die Rückseite zeigt von links nach rechts: Die Küchenschelle – eine typische Frühlingspflanze der Kalkeifel, Blick über Äcker und Wiesen zur Schneifel, dem größten zusammenhängenden Waldgebiet der Hocheifel

Bibliografische Information der Deutschen Nationalbibliothek
Die Deutsche Nationalbibliothek verzeichnet diese Publikation in der Deutschen Nationalbibliografie; detaillierte bibliografische Daten sind im Internet über **http://dnb.d-nb.de** abrufbar.

1. Auflage 2012
© J. P. Bachem Verlag, Köln 2012

Redaktion und Lektorat: Frauke Severit, Berlin
Einbandgestaltung und Layout: Barbara Meisner, Düsseldorf
Karten: Angelika Solibieda, Karlsruhe
Reproduktionen: Reprowerkstatt Wargalla GmbH, Köln
Druck: Grafisches Centrum Cuno, Calbe
Printed in Germany
ISBN 978-3-7616-2493-7

Mit unserem **Newsletter** informieren wir Sie gerne über unser Buchprogramm. Bestellen Sie ihn kostenfrei unter

www.bachem.de/verlag

Inklusive gratis Service-App!
Jetzt auch mobil:
**ORIENTIERT
INFORMIERT
INSPIRIERT**
www.m.bachem.de/eifelblicke

ERKLÄRUNG DER ABKÜRZUNGEN UND PIKTOGRAMME

ÖPNV = Öffentlicher Personennahverkehr
HWW = Hauptwanderweg des Eifelvereins
FWW = Fernwanderweg

 Eifel-Blick

 Eifel-Blick mit Wanderung oder Wanderung zum Eifel-Blick

 Eifel-Blick mit 360°-Panorama

 Eifel-Blick mit Aussicht auf einen historischen Ortskern

 Barrierefreier Eifel-Blick oder barrierefreie Wanderung

INHALT

Schöne Aussichten im Eifeler Naturpark 8
Vorwort der Autorin 9

EIFEL-BLICKE IN VOREIFEL UND KALKEIFEL 11
Geologischer Wanderpfad bei Zülpich-Bürvenich 16
Freilichtmuseum bei Mechernich-Kommern 18
Informationen: Geologischer Wanderpfad bei Zülpich-Bürvenich 20
Informationen: Freilichtmuseum bei Mechernich-Kommern 21
Stadtturm bei Bad Münstereifel 22
Galgennück bei Mechernich-Lorbach 24
Informationen: Stadtturm bei Bad Münstereifel 26
Informationen: Galgennück bei Mechernich-Lorbach 27
Brehberg bei Mechernich-Weyer 28
Michelsberg bei Bad Münstereifel-Mahlberg 30
Informationen: Brehberg bei Mechernich-Weyer 32
Informationen: Michelsberg bei Bad Münstereifel-Mahlberg 33
Königsberg bei Kall-Urft 34
Pferdekopf bei Kall-Rinnen 36
Informationen: Königsberg bei Kall-Urft 38
Informationen: Pferdekopf bei Kall-Rinnen 39
Hagelkreuz bei Nettersheim-Buir 40
Enzenberg bei Nettersheim 42
Informationen: Hagelkreuz bei Nettersheim-Buir 44
Informationen: Enzenberg bei Nettersheim 45

Über den Nettersheimer Erlebnispfad 46
Wanderung zum Eifel-Blick „Enzenberg" (2/7 Kilometer)
Kalk und seine Nutzung 48 / Orchideen 50 / Matronenheiligtümer bei Nettersheim 52

Mühlenberg bei Nettersheim-Marmagen 56
Lühbergstraße in Blankenheim 58

Informationen: Mühlenberg bei Nettersheim-Marmagen ... 60
Informationen: Lühbergstraße in Blankenheim ... 61
Burg Blankenheim und ihre Wasserleitung 62
Nonnenbacher Weg bei Blankenheim ... 66
Hühnerberg bei Blankenheim-Lommersdorf ... 68
Informationen: Nonnenbacher Weg bei Blankenheim ... 70
Informationen: Hühnerberg bei Blankenheim-Lommersdorf ... 71
Missionskreuz Heidenkopf bei Dahlem ... 72
Friedhof bei Dahlem ... 74
Informationen: Missionskreuz Heidenkopf bei Dahlem ... 76
Informationen: Friedhof bei Dahlem ... 77

Über Moorpfad und Agrippastraße ... 78
Wanderung zu den Eifel-Blicken „Missionskreuz Heidenkopf" und „Friedhof" (12 Kilometer)
Das Naturschutzgebiet „Wasserdell" 80 / Die Agrippastraße 81 / Der Moorpfad 82 / Der Vierherrenstein 83
Kalvarienberg bei Blankenheim-Alendorf ... 84
Informationen: Kalvarienberg bei Blankenheim-Alendorf ... 86
Die Alendorfer Kalktriften 87

Über den Orchideenweg ... 90
Wanderung zum Eifel-Blick „Kalvarienberg" (7,5 Kilometer)
Die Fliegenragwurz 92 / Die Zweifarbige Mauerbiene 94 / Verkarstungserscheinungen 98
Auf Heilert bei Gerolstein-Duppach ... 100
Am Apert bei Prüm-Büdesheim ... 102
Informationen: Auf Heilert bei Gerolstein-Duppach ... 104
Informationen: Am Apert bei Prüm-Büdesheim ... 105
Katzenkopf bei Prüm-Gondenbrett ... 106
Wanderparkplatz bei Prüm-Oberlauch ... 108
Informationen: Katzenkopf bei Prüm-Gondenbrett ... 110
Informationen: Wanderparkplatz bei Prüm-Oberlauch ... 111
Das Naturschutzgebiet „Schönecker Schweiz" 112

EIFEL-BLICKE IN DER HOCHEIFEL 115
Bergfried bei Hellenthal-Reifferscheid 120
Informationen: Bergfried bei Hellenthal-Reifferscheid 122
Die Geschichte von Reifferscheid 123

Durch den historischen Ortskern von Reifferscheid 124
Wanderung zum Eifel-Blick „Bergfried" (1,5 Kilometer)
Weißer Stein bei Hellenthal-Udenbreth 128
Informationen: Weißer Stein bei Hellenthal-Udenbreth 130
Bachtäler der Hocheifel 131

Durch die Heckenlandschaft bei Udenbreth und das Quellgebiet der Kyll 132
Wanderung am Eifel-Blick „Weißer Stein" (7,5 Kilometer)
Der Westwall 134 / Die Heckenlandschaft bei Udenbreth 136 / Der Eisvogel 139
Friedhof bei Dahlem-Kronenburg 140
Burgruine bei Dahlem-Kronenburg 142
Informationen: Friedhof bei Dahlem-Kronenburg 144
Informationen: Burgruine bei Dahlem-Kronenburg 145
Schwarzer Mann bei Prüm-Sellerich 146
Informationen: Schwarzer Mann bei Prüm-Sellerich 148
Die Schneifel 149
Dreiländerblick bei Prüm-Buchet 150
Auf dem Köpfchen bei Prüm-Habscheid 152
Informationen: Dreiländerblick bei Prüm-Buchet 154
Informationen: Auf dem Köpfchen bei Prüm-Habscheid 155
Naturnahe Waldwirtschaft in der Schneifel 156

Bildnachweis 158

SCHÖNE AUSSICHTEN IM EIFELER NATURPARK

Der Naturpark Nordeifel liegt mit 2.000 Quadratkilometern Größe in der nordrhein-westfälischen und nördlichen rheinland-pfälzischen Eifel und ist Teil des Deutsch-Belgischen Naturparks. Narzissen- und Orchideenwiesen, Seen und Flussläufe, Rotbuchenhecken, Wacholderhänge und natürlich der Nationalpark sind nur einige, aber einmalige Schönheiten und Besonderheiten im Naturpark.

Seit über 50 Jahren setzt sich der Naturpark aktiv für den Erhalt dieser Eifeler Natur- und Kulturlandschaft ein und fördert mit innovativen und erfolgreichen Projekten den nachhaltigen, umweltverträglichen Tourismus. Und dies mit vielen regionalen Partnern, mit den Menschen der Eifel und für die Bewohner und Gäste der Eifel.

Einige Beispiele: Mit dem Veranstaltungskalender „Eifel-Expeditionen" bündelt der Naturpark jährlich über eintausend Veranstaltungen in Natur und Landschaft. Die Initiative „Eifel barrierefrei - Natur für alle" unterstützt das Natur- und Freizeiterlebnis auch für Menschen mit Behinderungen und ältere Menschen. Mit dem Heckenpflegeprogramm erhält der Naturpark viele hundert Kilometer landschaftstypischer Buchenhecken auf den Hochflächen.

Auch über die Region hinaus findet die Arbeit des Naturparks Nordeifel Beachtung und Anerkennung. Und dazu zählen natürlich auch die schönen Eifel-Blicke, eine Idee des Naturparks, auf die Einheimische und Gäste immer wieder treffen. Auch dieses Netzwerk von besonderen Aussichtspunkten und Fernsichten ist deutschlandweit einmalig.

Spannende Erlebnisse bei und mit den Eifel-Blicken wünscht **Ihnen der Naturpark Nordeifel!**

Natur für Alle

Mit der Initiative „Eifel barrierefrei - Natur für Alle" fördert der Naturpark Nordeifel e.V. im Deutsch-Belgischen Naturpark das Natur- und Landschaftserlebnis auch für Menschen mit Behinderung und ältere Menschen.

Einige „Eifel-Blicke" sind auch für Menschen mit Behinderung und ältere Menschen erreichbar.

Weitere Angebote unter: www.eifel-barrierefrei.de

gefördert durch: EUROPÄISCHE UNION Investition in unsere Zukunft Europäischer Fonds für regionale Entwicklung | Ministerium für Klimaschutz, Umwelt, Landwirtschaft, Natur und Verbraucherschutz des Landes Nordrhein-Westfalen | Deutsch-Belgischer Naturpark Hohes Venn-Eifel

Verehrte Gäste der Eifel,

als ich das Angebot des Naturparks Nordeifel annahm, die Buchserie zu den Eifel-Blicken zu schreiben, hielt ich es für „ein ganz nettes Projekt". Jetzt, nachdem ich sie alle besucht und ihre landschaftlichen Themen recherchiert habe, bin ich nichts weniger als völlig begeistert von dieser Sammlung der schönsten und interessantesten Aussichtspunkte der Eifel. Jede Teilregion wartet mit ihren landschaftlichen und historischen Besonderheiten auf, die Sie von oben betrachten können – und zwar nicht nur virtuell, sondern im richtigen Leben.

Die „Eifel-Blicke" sind ein Projekt des Naturparks Nordeifel und bestehen derzeit aus 57 ausgewählten Aussichtspunkten, die mit Schautafeln und Sitzmöbeln ausgestattet sind. Da es sich um ein offenes Projekt handelt, wird sich ihre Anzahl in den kommenden Auflagen noch erhöhen.

Zu den Fernblicken gibt es als Dokumentation den detaillierten Internetauftritt unter www.eifel-blicke.de sowie in gedruckter Form dieses derzeit zweibändige Werk, das Sie in die Landschaft mitnehmen können. Im ersten Band sind die Eifel-Blicke der Rureifel, des Monschauer Lands und des Nationalparks beschrieben (insgesamt 29), im zweiten Band die der Kalkeifel und der westlichen Hocheifel (insgesamt 28).

Mit fünf Wanderungen erschließt Ihnen dieser zweite Band die besonderen Themen der verschiedenen Landschaften; farbig hinterlegte Sachkapitel liefern Ihnen detaillierte Informationen zu den landschaftlichen und historischen Besonderheiten.

Neun der 28 Eifel-Blicke in diesem Band sind barrierefrei und somit für Menschen mit Rollstuhl oder Gehwagen leicht zu erreichen. Bei der Wanderung in Dahlem (s. S. 78) finden Sie eine barrierefreie Teilstrecke vor, am Eifel-Blick „Mühlenberg" in Nettersheim-Marmagen (s. S. 56) einen barrierefreien Landschaftspfad.

Es hat mir sehr viel Freude gemacht, diese großartige Sammlung Eifeler Höhepunkte für Sie aufzubereiten. Ich wünsche Ihnen eine gute Zeit an diesen Orten der Eifel.

Herzlichst,
Ihre Maria A. Pfeifer

Danksagung

Mein besonderer Dank gilt folgenden Einrichtungen und Personen, die mir bei der Erstellung dieses Buchs mit Rat und Tat zur Seite standen: Biologische Station des Kreises Aachen: Herrn Dr. Manfred Aletsee; Eifelverein Ortsgruppe Reifferscheid: Herrn Paul-Joachim Schmülling; Gemeinde Hellenthal: Frau Stefanie Schwarz; Naturzentrum Nettersheim: Herrn Wolfgang Düx; Stadt Mechernich: Frau Gabriele Schumacher; Verein Naturpark Nordeifel: Herrn Ernst Görgen, Frau Elisabeth Grell, Herrn Jan Lembach; meinem Partner Martin Hofmann für logistische Unterstützung und Begleitung bei der Erkundung.

REGION 4

EIFEL-BLICKE IN VOREIFEL UND KALKEIFEL

Die Voreifel ist der Übergangsbereich im Nordosten der Eifel, in dem die Ebene der Kölner Bucht zum Mittelgebirge der Eifel aufsteigt. Die Hügel erreichen am Rand nur eine Höhe von 200 bis 300 Metern, dennoch bieten sich gerade von dort, zum Beispiel von Bürvenich oder Mechernich aus, sehr weite Eifel-Blicke über das Tiefland in Richtung Rhein, den Rhein-Erft-Kreis, der sich nördlich und östlich der Eifel ausdehnt, oder in den Rhein-Sieg-Kreis im weiter östlich gelegenen Rheintal mit der Silhouette des Siebengebirges. Der auffällige Buntsandstein im Untergrund setzt sich vom nördlichen Teil der Rureifel nach Südosten hin in die Voreifel fort; sein dreieckiges Verteilungsmuster in dieser Region wird von Geologen als „Mechernicher Trias-Dreieck" bezeichnet, da der Buntsandstein in einer geologischen Epoche mit dem Namen „Trias" entstand, die Geologen auf einen Zeitraum vor etwa 251 bis 200 Millionen Jahren datieren.

Östlich der Rureifel und südlich der Voreifel liegt die Kalkeifel, die sich als „Eifeler Nord-Süd-Zone" wie ein breites Band längs durch die Eifel zieht. Ihr Gesteinsuntergrund bietet einer Reihe besonderer Pflanzen Lebensraum, vor allem solchen, die sich im Laufe der Evolution an einen kalkhaltigen Untergrund angepasst haben. Damit einher gehen auch verschiedene Tierarten, die von den an den Kalkuntergrund angepassten Pflanzen abhängig sind. Als Beispiel seien hier die Schlüsselblumen genannt, die mit ihren gelben Blüten die Kalkeifel im Mai allerorten zum Leuchten bringen, und deren Blätter die einzige Nahrungsquelle der Raupen des Schlüsselblumen-Würfelfalters darstellen (s. Bilder S. 12 und 14).

Doch ist die Kalkeifel kein einheitliches Kalkgebiet. Die sogenannten „Eifeler Kalkmulden" verteilen sich als neun separate Bereiche innerhalb der Nord-Süd-Zone, und nur dort ist die markante Kalkflora zu finden. Ursache für die fehlende Einheitlichkeit ist die Bodenerosion. Die Nord-Süd-Zone ist eine Bruchzone, die durch seitlichen Druck auf das Eifelgebirge entstand. Ähnlich wie bei einer waagerecht liegenden Steinplatte, auf die von den Seiten Druck ausgeübt wird, zogen sich Bruchlinien durch das Eifelgebirge, in diesem Fall zwei mehr oder weniger parallel verlaufende von Norden nach Süden. Während sich anschließend der so entstandene Mittelteil senkte, hoben sich die beiden äußeren Bereiche. Da sich hebende Teile der Erdoberfläche stärker der Erosion ausgesetzt sind, erodierte die dort vorhandene Kalkschicht in Tau-

Die Küchenschelle - eine typische Frühlingspflanze der Kalkeifel

REGION 4: EIFEL-BLICKE IN VOREIFEL UND KALKEIFEL

senden von Jahren vollständig weg, während in der geschützter liegenden Nord-Süd-Zone Kalkbereiche erhalten blieben. Dennoch ist die Erosion auch hier bereits weit fortgeschritten, sodass nur neun separate Restbereiche in Form der Eifeler Kalkmulden übrig geblieben sind. Ursprünglich war die Kalkschicht durch Ablagerungen und Korallenriffe eines Meeres aus der Devonzeit entstanden, die auf einen Zeitraum vor rund 419 bis 359 Millionen Jahren datiert ist.

Eine Besonderheit für die geologische Wissenschaft stellt die Prümer Kalkmulde dar. Bei Schönecken/Wetteldorf wurde 1981 anhand von sogenannten „Leitfossilien" die Grenze zwischen unter- und mitteldevonischen Schichten definiert und ist seitdem der weltweit einzig gültige Maßstab. Eine gute Dokumentation der regionalen geologischen Besonderheiten mit zahlreichen fossilen Belegen, aber auch der Pflanzenwelt und Archäologie finden Sie im Naturzentrum in Nettersheim (www.naturzentrum-eifel.de); zudem bietet auch das kleinere Naturpark-Zentrum in Prüm, Tiergartenstraße 70, Informationen zur Landschaft.

Aufgrund ihrer besonderen Kalkflora stehen zahlreiche Gebiete in der Kalkeifel unter Naturschutz. So hat die Gemeinde Nettersheim in der Söthenicher Kalkmulde große Flächen ausgewiesen; dort finden Sie den Eifel-Blick „Enzenberg" und können dort über den Nettersheimer Erlebnispfad wandern. Bad Münstereifel besitzt mit dem „Eschweiler Tal" in derselben Kalkmulde ein großes und wertvolles Orchideengebiet. In der Dollendorfer Kalkmulde gibt es bei Blankenheim die überregional bedeutenden Alendorfer Kalktriften mit dem Eifel-Blick vom dortigen Kalvarienberg, und auch die Schönecker Schweiz in der weiter südlich gelegenen Prümer Kalkmulde beherbergt seltene Pflanzenarten wie Märzbecher, Einbeere und Schuppenwurz.

Die Kalkeifel hat jedoch nicht nur botanische und geologische Besonderheiten vorzuweisen, sondern ist auch archäologisch reich ausgestattet. Bereits die Römer wussten, dass Kalkböden fruchtbarer sind als saure Böden, daher siedelten sie bevorzugt in dieser Region. Drei römische Tempelanlagen finden sich zwischen Bad Münstereifel und Nettersheim. In Bad Münstereifel-Iversheim ist eine Batterie von römischen Kalköfen ausgegraben worden, in der die Römer bereits in

Eine der beiden heimischen Schlüsselblumenarten: die „Echte Primel" mit dottergelben Blüten

industriellem Maßstab Kalk brannten. Zudem finden Sie an vielen Orten Überreste der römischen Wasserleitung, die kalkhaltiges Wasser über eine 96 Kilometer lange Gefälleleitung von Nettersheim nach Köln führte, in die damalige Hauptstadt der niedergermanischen Provinz. Römische Gutshöfe, sogenannte „villae rusticae", wurden bei Blankenheim und Roderath gefunden. Bei Nettersheim, so haben archäologische Untersuchungen aus dem Jahr 2009 ergeben, verlief am Fuß des Tempelbergs eine etwa neun Meter breite Straße über die Urft, an der eine Siedlung, ein „vicus", lag. Die Straße war ein Abzweig der Agrippastraße, der Verbindung zwischen Köln und Reims. Der „vicus" bestand – typischerweise – aus sogenannten „Streifenhäusern", langen Gebäuden, deren Giebelseiten zur Straße ausgerichtet waren. Überwiegend Handwerker lebten und arbeiteten in derartigen Gebäuden und boten ihre Waren und Dienstleistungen für Reisende an, zudem gab es Gasthäuser und Ställe für die Versorgung der Menschen bzw. der Reit- und Zugtiere. Der Ort an der Urftbrücke war außerdem auch Marktflecken für den Verkauf von Lebensmitteln der umliegenden Gutshöfe. In Nettersheim befindet sich ein archäologischer Landschaftspark zu den Themen der Römerzeit in Planung.

Neben der römischen ist auch die mittelalterliche Geschichte in der Kalkeifel sehr präsent. Einige Eifel-Blicke zeigen Ihnen Burgen oder Klöster wie Steinfeld oder Prüm. Mit seinen drei charakteristischen Türmen sehen Sie Steinfeld vom Eifel-Blick „Königsberg" in Kall-Urft aus. Bereits 920 stif-

In der römischen Tempelanlage „Görresburg" bei Nettersheim

REGION 4 — EIFEL-BLICKE IN VOREIFEL UND KALKEIFEL

tete der Ritter Sibodo von Hochstaden, Graf von der Aare, das Kloster Steinfeld. 1130 übernahmen die dort lebenden Chorherren die Regel des Prämonstratenserordens, der in Steinfeld bis zur Säkularisierung im Jahr 1802 fortbestand. Nach der darauf folgenden weltlichen Phase übernahm 1923 die Ordensgemeinschaft der Salvatorianer das Kloster. Sie betreut bis heute ein Jungeninternat, ein Gymnasium und eine Bildungsstätte mit Gästehaus. Sehenswert ist vor allem die romanische Basilika mit barocker Ausstattung und beeindruckenden floralen Malereien sowie einer Königsorgel.

Die mächtige Abtei im südlich gelegenen Prüm, 721 von Bertrada der Älteren gegründet, der Urgroßmutter Karls des Großen, wurde zum „Hauskloster" seiner Sippe, der Karolinger. Der Besitz der Abtei gewann schnell an Größe und reichte vom Rhein in die Niederlande und bis zur Bretagne. Mehrere Hundert Orte in der Eifel und an der Ahr, im Taunus, in der Umgebung von St. Goar, in Frankreich, Belgien und den Niederlanden listet das Güterverzeichnis dieser Abtei auf. Um den ausgedehnten Besitz zu verwalten, waren der Abtei Vogteien und Filialklöster unterstellt, zu denen zum Beispiel auch Bad Münstereifel zählte. In der Klosterschule wurden die Söhne des Herrscherhauses und des karolingischen Adels ausgebildet.

Ein Eifel-Blick der Kalkeifel führt Sie in den historischen Ortskern von Bad Münstereifel mit seiner Stadtmauer und vielen prächtigen Fachwerkhäusern. Auch Blankenheim lädt mit Eifel-Blicken auf seine Burg und in die historische Altstadt ein und bietet darüber hinaus den Tiergartentunnel, eine mittelalterliche Fernwasserleitung für die Burg und ein faszinierendes Studienobjekt der Technikgeschichte.

Der Schlüsselblumen-Würfelfalter ist auf Schlüsselblumen spezialisiert und kommt nur mit ihnen zusammen vor.

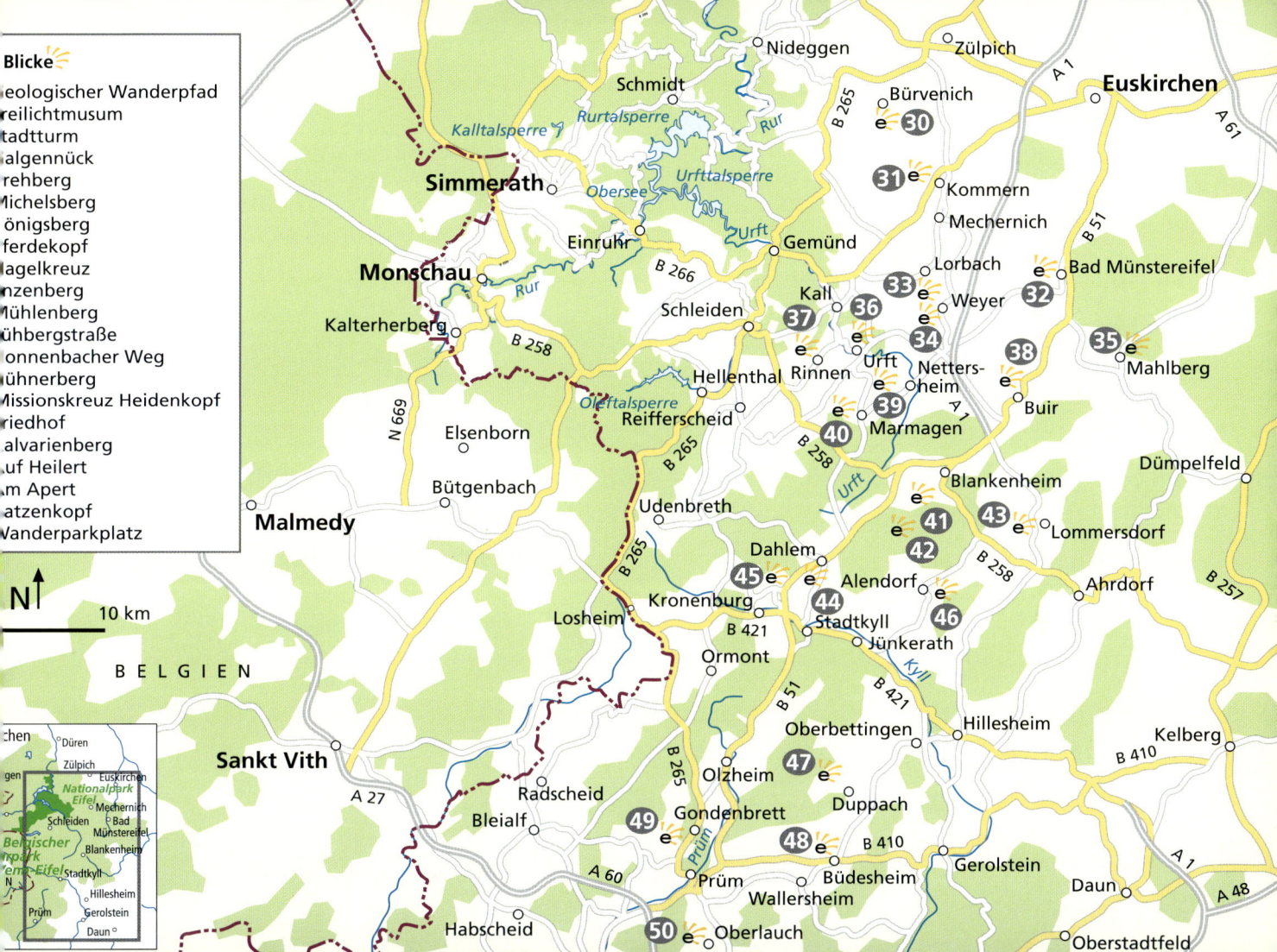

Geologischer Wanderpfad
bei Zülpich-Bürvenich

Mit 297 Metern bildet dieser Eifel-Blick am Nordrand der Eifel den höchsten Punkt der Stadt Zülpich.

Freilichtmuseum bei Mechernich-Kommern

Vom Nordrand der Eifel, von 310 Metern Höhe, reicht der Blick über das vorgelagerte Tiefland der Kölner Bucht.

INFORMATIONEN
GEOLOGISCHER WANDERPFAD BEI ZÜLPICH-BÜRVENICH

Anfahrt: 53909 Zülpich-Bürvenich, Waldstraße. In der Waldstraße folgen Sie den Ausschilderungen nach rechts den Berg hinauf bis zum Parkplatz „Geologischer Wanderpfad" am Waldrand. GPS-Koordinaten (WGS 84): N 50° 38.675' E 006° 35.200'

ÖPNV: aus Richtung Köln oder Trier mit der Bahn bis Zülpich, von dort weiter mit der Buslinie 886 (Tel. 01804/15 15 15, mindestens 60 Minuten vor Abfahrt bestellen)

Barrierefrei: Parkmöglichkeit unmittelbar am Aussichtspunkt

Wandern: Der Eifel-Blick liegt am Geologischen Wanderpfad der Stadt Zülpich, der zu einer Reise in die Vergangenheit einlädt. Ein Informationsfaltblatt ist bei der Stadt erhältlich (s. u.).

Radfahren: Dieser Eifel-Blick befindet sich in der Nähe der Wasserburgen-Route.

Weitere Eifel-Blicke in der Umgebung: Freilichtmuseum bei Mechernich-Kommern (s. S. 18/19)

Information: Tourist-Information Stadt Zülpich, Markt 21, 53909 Zülpich, Tel. 02252/52-212, Fax 02252/52-299, www.zuelpich.de

Museen: Museum der Badekultur (Schwerpunkt: römisch), Mühlenberg 5, 53909 Zülpich, Tel. 02252/838 06-0, Fax 02252/838 06-666, Öffnungszeiten: Di-Fr 10-17 Uhr, Sa/So/Feiertage 11-18 Uhr

Blickpunkte: Von Norden (links) nach Südwesten (rechts) schweift der Blick über die Zülpicher Börde im Südostzipfel der Niederrheinischen Bucht.

In einem noch immer anhaltenden Prozess werden die Gesteinsschichten der Eifel abgetragen, von den Flüssen in die Niederrheinische Bucht transportiert und dort in mächtigen Sedimentschichten abgelagert. In der letzten Eiszeit trug der Wind den aus der Gletscherschmelze entstandenen Gesteinsstaub als Lösslehm an den Nordrand der Eifel und machte die Zülpicher Börde zu einem sehr fruchtbaren Gebiet, das heute durch Intensiv-Ackerbau geprägt ist.

Unter der Bördelandschaft liegen zudem große Baunkohlevorkommen, die für die Stromerzeugung abgebaut werden. Im Hintergrund sind die Dampfwolken von Braunkohlenkraftwerken zu erkennen.

Im Gelände sehen Sie im Norden (ganz links) am Horizont das Braunkohlenkraftwerk Niederaußem, das mit Kohle aus dem Tagebau Garzweiler Strom erzeugt. Das rheinische Braunkohlenrevier ist mit einer Fläche von über 250 Quadratkilometern das größte Tagebaugebiet und gehört mit seinen Kraftwerken Frimmersdorf, Neurath und Niederaußem zu den stärksten Kohlendioxid-Emittenten in Europa.

Wenn Sie das Panoramabild auf Seite 16/17 mit einer hypothetischer Uhrenskala von 9:00-15:00 Uhr hinterlegen, sehen Sie bei 9:00 Uhr im Mittelgrund Langendorf; rechts davor liegt Bürvenich und rechts dahinter die Stadt Zülpich. Sie wurde um die Zeitenwende als römische Militärstation mit dem Namen „Tolbiacum" an einer Straßenkreuzung gegründet. Das dortige Museum der Badekultur zeigt anschaulich die Überreste einer römischen Therme. Doch auch imposante Teile der mittelalterlichen Stadtmauer mit Burg und Toren sind gut erhalten.

Im Mittelgrund sehen Sie zudem die Orte Merzenich, Sinzenich und Euskirchen; am Horizont ist bei etwa 12:30 Uhr das Siebengebirge südlich von Bonn zu erkennen. Rechts davon liegen die Orte Obergarzem und Schwerfen. Zum Westen hin dehnt sich der Billiger Wald aus; weit im Südwesten lassen sich bei gutem Wetter am Horizont die ehemalige Radiosternwarte am Stockert (25 Meter Durchmesser, 1955 erbaut, heute technisches Denkmal) und der Eifel-Blick „Michelsberg" (s. S. 30/31) ausmachen.

INFORMATIONEN

FREILICHTMUSEUM BEI MECHERNICH-KOMMERN

Anfahrt: 53894 Mechernich-Kommern, LVR-Freilichtmuseum Kommern, Eickser Straße. Das Freilichtmuseum ist großräumig ausgeschildert, Parkmöglichkeit auf dessen kostenpflichtigen Parkplatz. Der Eifel-Blick liegt am Signalturm, Sie sollten jedoch an der Tafel vorbeigehen und sich auf dem Wanderweg am Waldrand positionieren. GPS-Koordinaten (WGS 84): N 50° 36.890' E 006° 38.020'.

ÖPNV: aus Richtung Köln oder Trier mit der Bahn bis Mechernich, von dort mit Buslinie 894 (Museumsbus) bis zum LVR-Freilichtmuseum (Tel. 02443/10 00, mindestens 60 Minuten vor Abfahrt bestellen).

Wandern: Wanderkarte 1:25.000 des Eifelvereins Nr. 5 „Kall, Kommern, Mechernich, Nettersheim". Der Eifel-Blick liegt am örtlichen Wanderweg 1.

Radfahren: Die Wasserburgen-Route verläuft in der Nähe des Eifel-Blicks.

Weitere Eifel-Blicke in der Umgebung: Galgennück bei Mechernich-Lorbach (s. S. 24/25), Brehberg bei Mechernich-Weyer (s. S. 28/29), Stadtturm bei Bad Münstereifel (s. S. 22/23).

Information: Touristik-Agentur Mechernich, Bergstraße 1, 53894 Mechernich, Tel. 02443/49 43 21, Fax 02443/49 53 21, www.mechernich.de

Museen: LVR-Freilichtmuseum Kommern, Eickser Straße, 53894 Mechernich-Kommern, Tel. 02443/99 80-0, Fax 02443/99 80-133, Öffnungszeiten: 1. April bis 31. Oktober 9-18 Uhr, 1. November bis 31. März 10-16 Uhr, www.kommern.lvr.de

Das Freilichtmuseum Kommern lädt mit historischen Bauensembles aus verschiedenen Regionen des Rheinlands und der Präsentation historischer Wirtschaftsweisen und Handwerke zum Besuch ein.

Blickpunkte: Der Blick öffnet sich in einem Winkel von Nordwest (links) über Nord nach Ost (rechts) und zeigt im Nordwesten die nördlichen Ausläufer der Eifel, die in östlicher Richtung in die Zülpicher Börde übergehen. Aufgrund der hohen Bodenfruchtbarkeit, die die Börde dem in der letzten Kaltzeit angewehten Löss verdankt, ist sie durch Intensiv-Ackerbau geprägt. Unter der Bördenlandschaft liegen große Braunkohlevorkommen, die in den drei Großtagebauen Inden, Garzweiler I und II zur Stromerzeugung abgebaut werden. Die Wolkensäule am Horizont im Nordwesten gehört zum Braunkohlenkraftwerk Weisweiler zwischen Düren und Aachen. Davor liegt im Mittelgrund die Ortschaft Eicks mit ihrer spätbarocken Wasserburg.

Im Norden erhebt sich am Horizont die Sophienhöhe, die Abraumhalde des Braunkohlentagebaus Hambach zwischen Bergheim und Jülich. Dieser künstliche Berg überragt die flache Bördenlandschaft um durchschnittlich 200 Meter.

Wenn Sie das Panoramabild auf Seite 18/19 mit einer hypothetischen Uhrenskala von 9:00-15:00 Uhr hinterlegen, erkennen Sie bei 9:00 Uhr, 9:30 Uhr und 10:00 Uhr die Dampfwolken der Braunkohlenkraftwerke Frimmersdorf, Neurath und Niederaußem.

Bei etwa 11:00 Uhr sehen Sie im Mittelgrund Zülpich (s. Blickpunkte S. 20). Hinter Zülpich zieht sich im Nordwesten die Ville am Horizont entlang, ein etwa 50 Kilometer langer Höhenzug südwestlich von Köln. Bei etwa 12:00 Uhr befindet sich der Wassersportsee Zülpich im Naturpark Rheinland. Die rund 85 Hektar große Wasserfläche ist als Rekultivierungsmaßnahme im ehemaligen („ausgekohlten") Braunkohlentagebau Zülpich in den 1970er Jahren entstanden. Bei guter Sicht sind auch die Städte Erftstadt (12:00 Uhr), Köln (12:30 Uhr), Weilerswist (13:15 Uhr) und Euskirchen (15:00 Uhr) zu erkennen.

Stadtturm
Bad Münstereifel

Der südwestliche Stadtturm liegt unmittelbar oberhalb des Heisterbacher Tors und stellt den höchsten Punkt in der Bad Münstereifeler Stadtbefestigung aus dem 14. Jahrhundert dar.

Galgennück
bei Mechernich-Lorbach

Dieser Eifel-Blick liegt auf dem Galgennück (472 Meter Höhe), einem der drei Berge, die Lorbach umgeben.
Die beiden anderen Erhebungen sind Lichtert (493,5 Meter) und Pflugberg (499,1 Meter).

REGION 4

INFORMATIONEN
STADTTURM BEI BAD MÜNSTEREIFEL

ANFAHRT: 53902 Bad Münstereifel, Nöthener Straße 10; Parkplatz gegenüber dem Kurhaus, von dort gehen Sie zu Fuß hangabwärts durch den Kurgarten zum Wallgraben, dann nach links den Wall hinauf zum begehbaren westlichen Teil der Stadtmauer. GPS-Koordinaten (WGS 84): N 53° 33.13' E 006° 45.37'.

ÖPNV: aus Richtung Köln oder Trier mit der Bahn bis Bad Münstereifel, von dort zu Fuß in den historischen Stadtkern zum Ende der Marktstraße, dann der Beschilderung „Eifel-Blicke" folgen

WANDERN: Wanderkarte 1:25.000 des Eifelvereins Nr. 7 „Bad Münstereifel". Der Eifel-Blick liegt unmittelbar oberhalb des Jakobswegs sowie am FWW E8, dem Ahr-Venn-Weg (HWW 11) und dem Jugendherbergsverbindungsweg Bad Münstereifel - Hellenthal.

RADFAHREN: Der Eifel-Blick befindet sich unmittelbar oberhalb des Radfernwegs sowie der Radwege „Historische Stadtkerne" und „Erftradweg"; gekennzeichnete örtliche Mountainbike-Tour 4.

WEITERE EIFEL-BLICKE IN DER UMGEBUNG: Galgennück bei Mechernich-Lorbach (s. S. 24/25), Brehberg bei Mechernich-Weyer (s. S. 28/29), Michelsberg bei Bad Münstereifel-Mahlberg (s. S. 30/31), Hagelkreuz bei Nettersheim-Buir (s. S. 40/41)

INFORMATION: Tourist-Information Bad Münstereifel, Kölner Straße 13, 53902 Bad Münstereifel, Tel. 02253/54 22 44, Fax 02253/54 22 45, www.bad-muenstereifel.de

MUSEEN: Apotheken-Museum, Wertherstraße 13-15, 53902 Bad Münstereifel, Tel. 02253/76 31, Öffnungszeiten: Di-Fr 14.30-17 Uhr, Sa/So/Feiertage 11-16 Uhr

BLICKPUNKTE: Vom Stadtturm haben Sie von Norden (links) über Osten nach Süden (rechts) einen eindrucksvollen Blick über den historischen Stadtkern von Bad Münstereifel und die angrenzenden Höhenzüge. Der Stadtkern ist mit 300 Einzeldenkmälern vollständig denkmalgeschützt; besonders erwähnenswert sind das Gotische Rathaus in der Marktstraße, das Romanische Haus in der Langenhecke

und das Windeckhaus in der Orchheimer Straße. In der Museumslandschaft ist das Apotheken-Museum in der Werther Straße eine Besonderheit.

Links, im Nordwesten, fällt im Stadtbild die Stiftskirche auf. Die baulichen Anfänge der romanischen Basilika St. Chrysanthus und Daria liegen um 830; ab 1110 wurde ihr heutiges Erscheinungsbild geprägt. Mit der Übertragung der Reliquien des römischen Märtyrer-Ehepaars begann ab 844 der Aufstieg des Prümer Tochterklosters (s. S. 14) und damit die Entwicklung des Orts zur Stadt. Eine bedeutende Sehenswürdigkeit der Kirche stellt das Hochgrab des Ritters Gottfried von Jülich-Bergheim dar, der am 3. Mai 1335 als Herr von Münstereifel auf der Burg verstarb, die rechts hinter der Basilika zu erkennen ist. 1317 erstmals urkundlich erwähnt, war sie für die längste Zeit in ihrer Geschichte Landesburg der Herzöge von Jülich, die sie als Sitz für einen Amtmann und einen Vogt verwendeten.

Das nach Osten gerichtete Johannistor öffnet die Stadt in Richtung des Radbergs (432 Meter), der den Horizont bildet. Das Tor liegt zudem an dem alten Pilgerweg zum Michelsberg (s. S. 30/31). Gelblich leuchtet das St.-Michael-Gymnasium mit der ehemaligen Jesuitenkirche St. Donatus aus der linken Hälfte des Stadtensembles. Als zweiter Orden der katholischen Gegenreformation kamen nach den Kapuzinern im Jahr 1625 die Jesuiten nach Münstereifel und begründeten Schule und die Kirche.

Vor dem Gipfel des Radbergs zeichnen sich im Südosten das Heisterbacher Tor im Vordergrund und das Orcheimer Tor an der hinteren Stadtgrenze ab. Im Mittelalter ließen die Münstereifeler Wollweber am St. Blasiustag (3. Februar) ein mit Stroh umwickeltes Rad brennend vom Radberg ins Tal rollen. Dieser Brauch sollte den Winter vertreiben, war gleichzeitig der Auftakt des Karnevals und begründete den Namen dieses Bergs.

INFORMATIONEN
GALGENNÜCK BEI MECHERNICH-LORBACH

ANFAHRT: Sie sollten im Nachbarort (53894 Mechernich-Bergheim) auf dem Wanderparkplatz „Bleiberg" am Weidenweg parken und dann dem örtlichen Rundweg A3 nach Lorbach folgen (circa 1,25 Kilometer Fußweg). GPS-Koordinaten (WGS 84): N 50° 33.919' E 006° 38.385'

ÖPNV: aus Richtung Köln oder Trier mit der Bahn bis Mechernich, von dort mit der Buslinie 826 bis Lorbach (Tel. 02443/10 00, mindestens 60 Minuten vor Abfahrt bestellen)

BARRIEREFREI: 53894 Mechernich-Lorbach, nahe Urholzer Weg. Von der Bergheimer Straße in den Urholzer Weg abbiegen, nach 150 Metern der Ausschilderung folgend nach rechts auf eine namenlose Wirtschaftsstraße einbiegen.

WANDERN: Wanderkarte 1:25.000 des Eifelvereins Nr. 5 „Kall, Kommern, Mechernich, Nettersheim". Der Eifel-Blick liegt unmittelbar am gekennzeichneten örtlichen Rundweg A3 von Bergheim.

WEITERE EIFEL-BLICKE IN DER UMGEBUNG: Freilichtmuseum bei Mechernich-Kommern (s. S. 18/19), Brehberg bei Mechernich-Weyer (s. S. 28/29)

INFORMATION: Touristik-Agentur Mechernich, Bergstraße 1, 53894 Mechernich, Tel. 02443/49 43 21, Fax 02443/49 53 21, www.mechernich.de

BLICKPUNKTE: Von den nördlichen Ausläufern der Eifel im Nordwesten (links) und Norden schweift der Blick im Nordosten über die Kölner Bucht und bleibt im Osten und Südosten (rechts) an den Höhenzügen der Eifel hängen. Im Gelände ist weit im Nordwesten die Wolkensäule des Braunkohlenkraftwerks Weisweiler zu erkennen, das zwischen Düren und Aachen liegt. In einigem Abstand wird rechts daneben der Horizont von einem auffälligen, lang gezogenen Buckel gebildet, der Sophienhöhe. Diese stellt einen künstlichen, lang gestreckten Tafelberg von bis zu 308 Metern Höhe dar, der als Abraum aufgeschüttet wurde, um die Kohleflöze des Tagebaus Hambach abbauen zu können. Der bewaldete Höhenzug im Mittelgrund, genau im Norden, ist das ehemalige rekultivierte Mechernicher Bergbaurevier. Vermutlich wurde im Mechernicher Raum schon vor über 2.000 Jahren Bleierz abgebaut. Mitte des 19. Jahrhunderts begann eine Zeit des industriellen Bleibergbaus, der Landschaft und Wirtschaft über ein Jahrhundert lang prägte und viele Spuren hinterlassen hat. Im rechten Drittel dieses Höhenzugs sehen Sie am Horizont die Wolkensäule des Braunkohlenkraftwerks Niederaußem (s. Blickpunkte S. 20).

Rechts davon breitet sich im vorderen Hintergrund die Zülpicher Börde aus, bis der Blick wieder von den bewaldeten Bergrücken der Eifel eingefangen wird. Im Vordergrund sehen Sie nach Nordosten hin das Dörfchen Bergheim, im Mittelgrund rechts dahinter überquert die B 477 das Veybachtal. Bevor der ferne Horizont rechts davon, das heißt im Osten, von den nahen Eifelhöhen verdeckt wird, sind dort gerade noch die drei Gipfel von Ölberg, Petersberg und Drachenfels im Siebengebirge bei Bonn zu erkennen. Weiter rechts zeigt sich am Horizont auf dem Höhenzug des Stockerts die ehemalige Radiosternwarte (25 Meter Durchmesser, 1955 erbaut, heute technisches Denkmal). Rechts davon sehen Sie die Häuser der Ortschaft Vussem im Tal des Veybachs, durch das die römische Wasserleitung von Nettersheim nach Köln mittels eines Viadukts verlief; ein restaurierter Teil dieses Viadukts ist dort zu besichtigen (s. S. 13).

Der höchste Punkt weiter rechts am Horizont wird von Michelsberg (588 Meter) bei Bad Münstereifel-Mahlberg eingenommen (s. S. 30/31). Wo das Gelände im Vordergrund bereits langsam zum benachbarten, im Süden gelegenen Luchtertberg (494 Meter) ansteigt, erhebt sich am Horizont der Gipfel der Hohen Acht als winziger Kegel – mit 747 Metern Höhe der höchste Berg der Eifel. Der Galgennück, auf dem Sie stehen, ist rund 471 Meter hoch. In der Nähe dieses Aussichtspunkts soll sich in früheren Zeiten einmal ein Gerichtsplatz befunden haben.

Brehberg
bei Mechernich-Weyer

Der Brehberg ist mit 525 Metern der höchste Punkt im Gebiet der Stadt Mechernich.

Michelsberg
bei Bad Münstereifel-Mahlberg

Der Michelsberg ist mit 588 Metern die höchste Erhebung im Gebiet der Stadt Bad Münstereifel.

INFORMATIONEN
BREHBERG BEI MECHERNICH-WEYER

ANFAHRT: Sie sollten an der Kirche, 53894 Mechernich-Weyer, Neuer Weg, parken. Mit der Kirche im Rücken gehen Sie den Neuen Weg nach rechts bis zum Ende, dort biegen Sie nach rechts in den Kreuzweg ab und folgen der Ausschilderung „Eifel-Blick". GPS-Koordinaten (WGS 84): N 50° 32.010' E 006° 38.330'

ÖPNV: aus Richtung Köln oder Trier mit der Bahn bis Mechernich, von dort mit der Buslinie 830 bis Weyer (Tel. 01804/15 15 15, mindestens 60 Minuten vor Abfahrt bestellen)

WANDERN: Wanderkarte 1:25.000 des Eifelvereins Nr. 5 „Kall, Kommern, Mechernich, Nettersheim". Der Eifel-Blick liegt unmittelbar am gekennzeichneten örtlichen Rundweg A3 von Weyer.

WEITERE EIFEL-BLICKE IN DER UMGEBUNG: Galgennück bei Mechernich-Lorbach (s. S. 24/25), Stadtturm bei Bad Münstereifel (s. S. 22/23), Geologischer Wanderpfad bei Zülpich-Bürvenich (s. S. 16/17)

INFORMATION: Touristik-Agentur Mechernich, Bergstraße 1, 53894 Mechernich, Tel. 02443/49 43 21, Fax 02443/49 53 21, www.mechernich.de

BLICKPUNKTE: Von Nordosten (links) über Osten und Süden nach Südwesten (rechts) reicht der Blick über den Ostrand der Eifel und bietet dabei gelegentlich Sicht in das rheinwärts gelegene Tiefland der Kölner Bucht.

Wenn Sie das Panoramabild auf Seite 28/29 mit einer hypothetischen Uhrenskala von 9:00-15:00 Uhr hinterlegen, erhebt sich bei 9:30 Uhr am linken Bildrand im Vordergrund die katholische Pfarrkirche St. Cyriakus von Weyer. Der Ort wurde erstmals im Jahr 871 nach Christus schriftlich erwähnt. Doch bereits vor rund 200.000 Jahren hinterließen Menschen dort ihre Spuren, belegt durch Funde von Werkzeugen des Neandertalers in der nahe gelegenen Kakushöhle. In der Umgebung von Weyer existieren auch keltische Hügelgräber aus der Eisenzeit (750 bis 450 vor Christus). Aus mittelalterlicher Zeit ist eine nicht mehr vorhandene große Burganlage belegt; Reste davon sind in einen Bauernhof integriert. Der Eifel-Blick liegt am Rande des rund 291 Hektar großen Naturschutz- und Natura2000-Gebiets „Weyerer Wald und Hahnenberg" mit naturnahen Buchenwäldern auf Kalkboden. Das aus Eiche gefertigte Gipfelkreuz wurde 1996 anlässlich der 1125-Jahr-Feier des Orts Weyer errichtet.

Hinter Weyer ist am Horizont bei gutem Wetter die Zülpicher Börde im Tiefland der Kölner Bucht zu erkennen, rechts neben der Kirchturmspitze liegt das Dörfchen Weiler am Berge auf 370 Metern Höhe. Der lang gezogene Bergrücken im Mittelgrund wird auf seiner rechten Hälfte von der ehemaligen Radiosternwarte „Stockert" (25 Meter Durchmesser, 1955 erbaut, heute technisches Denkmal) eingenommen. Weiter rechts davon, im Westen, ist am Horizont die Einkerbung des Eschweiler Tals zu sehen; bei besonders klarem Wetter zeigt sich dahinter das Siebengebirge jenseits des Rheins.

Das 384 Hektar große Schutzgebiet „Eschweiler Tal" beherbergt Kalkmagerrasen und Kalkbuchenwälder mit verschiedenen Orchideenarten, aber auch andere seltene Pflanzen kommen dort vor, wie zum Beispiel die Baumart des Speierlings.

Im Südwesten prägt der Michelsberg bei Bad Münstereifel-Mahlberg mit seiner kegelförmigen Silhouette den Horizont (s. S. 30/31), weiter im Süden kommt die Hohe Acht, die höchste Erhebung der Eifel (747 Meter) ins Blickfeld. Ganz im Süden, bei 15:00 Uhr, liegt Zingsheim. Wie in Nettersheim und Bad Münstereifel-Nöthen wurden auch dort Reste eines römischen Matronenheiligtums gefunden (s. S. 52).

INFORMATIONEN

MICHELSBERG BEI BAD MÜNSTEREIFEL-MAHLBERG

Anfahrt: 53902 Mahlberg, Engelsbergweg. Ab Ortsmitte folgen Sie den Ausschilderungen zum Michelsberg bis zum Wanderparkplatz, von dort gehen Sie zu Fuß auf dem an einer späteren Gabelung rechts abzweigenden Erft-Lieser-Mosel-Weg für 300 Meter bergan zum Eifel-Blick. Auch die Michaelskapelle auf dem Gipfel ist sehenswert, zudem empfiehlt sich ein Spaziergang über den unterhalb der Kuppe verlaufenden Rundweg, der Ihnen noch einmal alle Panoramen vor Augen führt. GPS-Koordinaten (WGS 84): N 50° 30.685' E 006° 49.345'

ÖPNV: aus Richtung Köln oder Trier mit der Bahn bis Bad Münstereifel, von dort mit der Buslinie 819 bis Michelsberg (Tel. 01804/15 15 15, mindestens 60 Minuten vor Abfahrt bestellen)

Wandern: Wanderkarte 1:25.000 des Eifelvereins Nr. 7 „Bad Münstereifel". Der Eifel-Blick liegt am Erft-Lieser-Mosel-Weg und an den regionalen Rundwegen A 2 und A 3 des Eifelvereins.

Radfahren: Die gekennzeichneten örtlichen Mountainbike-Touren 4, 6 und 10 führen am Michelsberg vorbei.

Weitere Eifel-Blicke in der Umgebung: Stadtturm bei Bad Münstereifel (s. S. 22/23), Hagelkreuz bei Nettersheim-Buir (s. S. 40/41)

Information: Tourist-Information Bad Münstereifel, Kölner Straße 13, 53902 Bad Münstereifel, Tel. 02253/54 22 44, Fax 02253/54 22 45, www.bad-muenstereifel.de

Blickpunkte: Vom Michelsberg haben Sie von Südosten (links) über Süden und Westen nach Nordwesten (rechts) einen weiten eindrucksvollen Blick in die Vulkan- und die Kalkeifel. Der Michelsberg wurde schon von den Römern als strategisch günstig gelegener Aussichtspunkt genutzt. Später diente er den Franken als heidnische Kult- und Gerichtsstätte. Um 1500 erhielt der Berg mit dem Bau einer Kapelle seine Bedeutung als Wallfahrtsstätte der Michaelsverehrung und auch seinen heutigen Namen.

Wenn Sie das Panoramabild auf Seite 30/31 mit einer hypothetischen Uhrenskala von 9:00-15:00 Uhr hinterlegen, sehen Sie in südlicher Richtung (links) die Vulkaneifel. Im Südosten, bei 9:00 Uhr, ist am Horizont der Kegel der Hohen Acht erkennbar, die mit 747 Metern die höchste Erhebung der Eifel darstellt. Bei 11:00 Uhr prägt die Nürburg mit ihrem spitzen Vulkankegel den Horizont – der 677 Meter hohe Berg und die Burg tragen denselben Namen, rundherum verläuft die Rennstrecke „Nürburgring". Weiter südlich, bei etwa 12:00 Uhr, rückt auch der Vulkankegel des Hochkehlbergs ins Blickfeld. Rechts davon im Mittelgrund sehen Sie die Ortschaft Esch, an der historischen Agrippastraße zwischen Köln und Trier gelegen. Am Rande der Gebüschgruppe befindet sich der Aremberg, mit 623 Metern Höhe eine der typischen Vulkankuppen.

Königsberg
bei Kall-Urft

Der Königsberg hat eine Höhe von etwa 500 Metern und ist mit reich strukturiertem Wald ausgestattet, der vielen schützenswerten Tier- und Pflanzenarten Lebensraum bietet.

Pferdekopf
bei Kall-Rinnen

Der Pferdekopf (527 Meter Höhe) liegt auf dem Gebiet der Gemeinde Kall.

INFORMATIONEN
KÖNIGSBERG BEI KALL-URFT

ANFAHRT: 53925 Urft, Urfttalstraße; Parkmöglichkeit am Wanderparkplatz „Gillesbachtal". Verlassen Sie Kall-Urft über die Urfttalstraße (L 204) in Richtung „Steinfeld", und folgen Sie dem Straßenverlauf bis zum Wanderparkplatz auf der rechten Seite in einer großen Linkskehre in der Nähe des Forsthauses Steinfeld. Von diesem Parkplatz aus erreichen Sie den Königsberg zu Fuß, indem Sie den Beschilderungen „Eifel-Blick" und später „Eifelsteig" folgen. GPS-Koordinaten (WGS 84): N 50° 30.230' E 006° 34.600'

ÖPNV: aus Richtung Köln oder Trier mit der Bahn bis Kall, von dort Buslinie 835 oder Anrufsammeltaxi (Tel. 01804/15 15 15, mindestens 60 Minuten vor Abfahrt bestellen) bis Haltestelle „Abzweig Forsthaus"

WANDERN: Wanderkarte 1:25.000 des Eifelvereins Nr. 5 „Kall, Kommern, Mechernich, Nettersheim". Der Königsberg liegt am Eifelsteig und am örtlichen Rundweg A1. Der Rundweg A5 verläuft in der Nähe.

WEITERE EIFEL-BLICKE IN DER UMGEBUNG: Pferdekopf bei Kall-Rinnen (s. S. 36/37), Mühlenberg bei Nettersheim-Marmagen (s. S. 56/57)

INFORMATION: Tourist-Information Kall, Bahnhofstraße 9, 53925 Kall, Tel. 02441/888 53, Fax 02441/888 48, www.kall.de

BLICKPUNKTE: Der Königsberg liegt inmitten des Naturschutz- und FFH-Gebiets „Auen und Hänge an Urft und Gillesbach". FFH steht für Fauna-Flora-Habitat: Lebensraum für Tiere und Pflanzen. Die EU hat jedes ihrer Mitgliedsländer verpflichtet, Bereiche mit für Europa repräsentativen Natur- und Kulturlandschaften, sogenannte „Gebiete von gemeinschaftlichem Interesse", unter Schutz zu stellen. Diese gehören Natura2000 an, einem über den ganzen Kontinent gezogenen Netz aus Schutzgebieten, in dem Europa sein Naturerbe bewahrt.

Der Gillesbach mündet im Ort Urft in die Urft, und diese fließt von dort weiter nach Nettersheim und Schmidtheim. Das FFH-Gebiet ist 495 Hektar groß, umfasst die Talsohle und fast die gesamten Hänge des Gillesbachs sowie der oberen Urft zwischen der westlich von Urft gelegenen Stolzenburg und Schmidtheim im Süden. Geschützt werden dort die typischen Buchenwälder der Kalkeifel mit ihren Waldmeister- und Orchideenbeständen, aber auch eine Reihe von Höhlen die als Winterquartiere zum Beispiel für Bechstein- und Teichfledermaus oder das Große Mausohr dienen (s. S. 98). In solche Höhlen ziehen sich zudem überwinternde Schmetterlinge wie der Kleine Fuchs oder das Tagpfauenauge für die Winterruhe zurück, und auch die seltene Höhlenkreuzspinne kann darin vorkommen (s. Bild S. 113).

Jenseits des Gillesbachtals erhebt sich in westlicher Richtung Kloster Steinfeld (s. S. 13f.). Die Anlage gilt als eines der am besten erhaltenen klösterlichen Baudenkmäler des Rheinlands. Sie sehen die beiden Türme des Westwerks, die Basilika mit dem Hauptturm und mit dem Grab des bekannten Mönchs, Priesters und Mystikers Herrmann-Josef von Steinfeld (um 1150-1241).

INFORMATIONEN

PFERDEKOPF BEI KALL-RINNEN

ANFAHRT: 53925 Kall-Rinnen, Hellenberg. Dort folgen Sie dem Josef-Schramm-Weg bis zum Pferdekopf; der Eifel-Blick wird kurz vorher ausgeschildert. GPS-Koordinaten (WGS 84): N 50° 31.180' E 006° 32.365'

ÖPNV: aus Richtung Köln oder Trier mit der Bahn bis Kall, von dort Buslinie 835 oder Anrufsammeltaxi (Tel. 01804/15 15 15, mindestens 60 Minuten vor Abfahrt bestellen) bis Rinnen/Ortsmitte

WANDERN: Wanderkarte 1:25.000 des Eifelvereins Nr. 4/14 „Schleidener Tal, Schleiden, Gemünd, Hellenthal" oder Nr. 5 „Kall, Kommern, Mechernich, Nettersheim". Der Eifel-Blick liegt am örtlichen Rundweg A6. Auch der Josef-Schramm-Weg (HWW 4) und der Eifelsteig verlaufen ganz in der Nähe.

WEITERE EIFEL-BLICKE IN DER UMGEBUNG: Königsberg bei Kall-Urft (s. S. 34/35), Bergfried bei Hellenthal-Reifferscheid (s. S. 120/121)

INFORMATION: Tourist-Information Kall, Bahnhofstraße 9, 53925 Kall, Tel. 02441/888 53, Fax 02441/888 48, www.kall.de

MUSEEN: Bergbaumuseum Mechernich, Bleibergstraße 6, 53894 Mechernich, Tel. 02443/486 97, www.bergbaumuseum-mechernich.de, Öffnungszeiten: Di-Sa 14-16 Uhr, So 11-16 Uhr

BLICKPUNKTE: Vom Pferdekopf öffnet sich Ihnen ein Blickwinkel von Nordosten (links) über Osten und Süden nach Südwesten (rechts). Die Gemeinde Kall war schon in vorgeschichtlicher Zeit menschlicher Lebens- und Siedlungsraum. Im 3. Jahrhundert vor Christus gruben die Kelten dort bereits nach Bleierzen; keltische Lanzenspitzen, Werkzeuge und Münzen wurden in der Umgebung, insbesondere bei Keldenich, gefunden. Auch die Römer hinterließen ihre Spuren - Überreste der römischen Wasserleitung von Nettersheim nach Köln sind heute noch an verschiedenen Stellen vorhanden. Im Mittelalter gaben die Eisen- und Bleihütten Kall und dem Urfttal eine besondere Bedeutung. Mindestens ein großes Bleibergwerk sowie drei Eisenbergwerke entwickelten sich daraus. In einem dieser Werke, dem sogenannten Hammerwerk, das unter anderem große Schiffsschrauben herstellte, wurde der Klöppel der berühmten Kaiserglocke gefertigt, die bis 1918 im Dom zu Köln hing.

Wenn Sie das Panoramabild auf Seite 36/37 mit einer hypothetischen Uhrenskala von 9:00-15:00 Uhr hinterlegen, sehen Sie im Nordosten, links bei 9:00 Uhr, im Mittelgrund die Ortschaft Sötenich, deren Ursprünge bis in die Römerzeit zurückreichen; lange wurde dort Manganeisen abgebaut. Kalk und Zement werden dort bis heute produziert. Rechts im Hintergrund von Sötenich sehen Sie die ehemaligen Abbaustellen am Mechernicher Bleiberg; der Bleierzbergbau ist heute stillgelegt, und die Geschichte des Abbaus wird im Mechernicher Bergbaumuseum aufgezeigt. Links hinter Sötenich können Sie bis in die Kölner Bucht nach Köln-Hürth blicken, ebenfalls ein Ort mit Bergbaugeschichte: Aus dem dortigen ehemaligen Braunkohlenabbau ist der heutige Chemiepark auf dem bekannten Industriehügel Knapsack hervorgegangen.

Zwischen Alleenbäumen lugen im Westen die Windräder des Windparks Ravensberg bei Dottel hervor. Weiter in Richtung Südwesten, am Ende der Allee, wird am Horizont Zingsheim sichtbar, wo archäologische Ausgrabungen einen Matronentempel zutage förderten (s. S. 52). Rechts davon, im Südwesten, trennt das Tal der Urft den Vordergrund ab, der sich bald als örtlicher Kalksteinbruch ins Blickfeld schiebt. Weiter im Süden, also erneut rechts davon, sehen Sie Rinnen, rechts dahinter Steinfeldheistert; im Südwesten, wo ein Aussichtsturm am Horizont einen winzigen Strich in den Himmel zeichnet, befindet sich das Naturschutzgebiet „Krekeler/Sistiger Heide", eins der typischen Orchideengebiete der Kalkeifel.

Hagelkreuz bei Nettersheim-Buir

Das Hagelkreuz befindet sich an einem Wasserbehälter auf der Anhöhe (544 Meter) zwischen Nettersheim-Tondorf und Nettersheim-Buir.

Vom Enzenberg (495 Meter Höhe) schauen Sie über das Naturerlebnisdorf Nettersheim.

INFORMATIONEN

HAGELKREUZ BEI NETTERSHEIM-BUIR

ANFAHRT: 53947 Nettersheim-Buir, Quellenstraße; Parkplatz rechtsseitig vor dem Ortseingangsschild. Von der Quellenstraße wenden Sie sich zurück zur B 51, queren diese und folgen der schmalen Ortsstraße in Richtung „Frohngau". Nach 100 Metern biegen Sie auf die untergeordnete Feldstraße nach links ab, durchwandern über 600 Meter die offenen Felder der Hügelkuppe bis zu einem Zaun, biegen davor auf die querende Feldstraße nach links ab und erreichen das Hagelkreuz nach 250 Metern auf der Hügelkuppe. Sie können den Rückweg zu einem 2,5 Kilometer langen Rundweg ergänzen, indem Sie für weitere 150 Meter geradeaus bis zur B 51 wandern, diese queren und dem Feldweg dahinter bis zur nächsten querenden Wirtschaftsstraße folgen. Auf die N 4 biegen Sie nach links ein und kommen über Fliederstraße und Quellenstraße wieder zum Ausgangspunkt. GPS-Koordinaten (WGS 84): N 50° 29.280' E 006° 43.175'

ÖPNV: aus Richtung Köln oder Trier mit der Bahn bis Nettersheim, von dort weiter mit Buslinie 820 (Tel. 01804/15 15 15, mindestens 60 Minuten vor Abfahrt bestellen)

BARRIEREFREI: Anfahrt unmittelbar bis zum Aussichtspunkt über Wirtschaftswege möglich.

WANDERN: Wanderkarte 1:25.000 des Eifelvereins Nr. 5 „Kall, Kommern, Mechernich, Nettersheim". Der Eifel-Blick liegt in der Nähe der Nettersheim-Tour 4 „Über die Dörfer". Ein Faltblatt ist im Naturzentrum Eifel erhältlich (s. u.).

RADFAHREN: Der Erfttradweg, die Drei-Flüsse-Tour an Ahr, Erft und Rhein, die Eifel-Höhen-Route und die Tälerroute verlaufen in der Nähe des Eifel-Blicks.

WEITERE EIFEL-BLICKE IN DER UMGEBUNG: Pferdekopf bei Kall-Rinnen (s. S. 36/37), Enzenberg bei Nettersheim (s. S. 42/43), Mühlenberg bei Nettersheim-Marmagen (s. S. 56/57)

INFORMATION: Tourist-Information Nettersheim im Naturzentrum Eifel, Urftstraße 2-4, 53947 Nettersheim, Tel. 02486/12 46, Fax 02486/20 30 48, www.nettersheim.de

BLICKPUNKTE: Von Nordwesten (links) über Norden und Westen bis nach Süden (rechts) zeigt dieser Eifel-Blick mehr als einen 180°-Winkel. Das Hagelkreuz wurde 1903 als Ort christlichen Bittens um Schutz vor Unwettern wie Blitz und Hagelschlag errichtet. Es soll an dieser Stelle bereits vorher ein Kreuz aus Holz gestanden haben. Jährlich ziehen an Christi Himmelfahrt Prozessionen der umliegenden Orte Frohngau, Buir und Tondorf zum Hagelkreuz und erbitten Schutz und Segen für ihr Hab und Gut sowie die Früchte auf den Feldern.

Wenn Sie das Panoramabild auf Seite 40/41 mit einer hypothetischen Uhrenskala von 9:00-15:00 Uhr hinterlegen, sehen Sie im Nordosten links bei 9:30 Uhr, bei guter Sicht die Zülpicher Börde, den südöstlichen Zipfel der Niederrheinischen Bucht – die fruchtbaren Böden werden für intensiven Ackerbau genutzt. Dahinter ist Köln mit seinen Hochhäusern und dem Kölner Dom zu erkennen.

Der Vordergrund wird von Nordosten bis Südosten, von etwa 11:00 bis 13:00 Uhr, durch das Tal der Erft vom Hintergrund getrennt. Die Erft entspringt bei Nettersheim-Holzmülheim und mündet nach 103 Kilometern in Neuss in den Rhein.

Oberhalb der Wipfel zweier auffällig hoher Bäume am Ortsrand von Buir im Vordergrund erhebt sich am Horizont der Michelsberg bei Bad Münstereifel mit gleichnamigem Eifel-Blick (s. S. 30/31). Buir wird urkundlich erstmals im Jahr 893 im „Prümer Urbar", dem Besitzverzeichnis des Klosters Prüm, erwähnt (s. S. 14). Den Ortskern prägt ein idyllisches Ensemble aus ehemaliger Dorfschule, Friedhof und Bartholomäuskapelle, die mit einer barocken Orgel aus dem Jahre 1719 ein Schmuckstück besitzt.

Im Osten und Südosten blicken Sie tief in die Vulkaneifel, sehen bei etwa 13:30 Uhr am Horizont die Hohe Acht (mit 747 Metern die höchste Erhebung der Eifel), und bei etwa 14:00 beziehungsweise 14:15 Uhr zeichnen sich Nürburg und Aremberg (s. Blickpunkte S. 70) am Horizont ab.

INFORMATIONEN

ENZENBERG BEI NETTERSHEIM

ANFAHRT: 53947 Nettersheim, Zutendaal-Platz (Bahnhof, Parkplatz). Die fußläufige Entfernung zum Eifel-Blick beträgt circa einen Kilometer. Der Eifel-Blick bildet Station Nr. 17 des Nettersheimer Erlebnispfads (Informationen im Naturzentrum Eifel, s. u.). Eine genaue Wegbeschreibung finden Sie bei der Wanderung unter „Abkürzung" (s. S. 55). GPS-Koordinaten (WGS 84): N 50° 29.280' E 006° 37.850'

ÖPNV: aus Richtung Köln oder Trier mit der Bahn bis Nettersheim, von dort weiter mit Buslinie 820 (Tel. 01804/15 15 15, mindestens 60 Minuten vor Abfahrt bestellen)

BARRIEREFREI: Anfahrt unmittelbar bis zum Aussichtspunkt über die Blankenheimer Straße möglich.

WANDERN: Wanderkarte 1:25.000 des Eifelvereins Nr. 5 „Kall, Kommern, Mechernich, Nettersheim". Der Eifel-Blick liegt an den örtlichen Wanderwegen 14 und 15 sowie in der Nähe der Nettersheim-Touren 1 „Geologie und Fossilien", 2 „Archäologie entdecken", 3 „Natur pur" und 4 „Über die Dörfer". Routenbeschreibungen der Touren sind im Naturzentrum Eifel erhältlich (s. u.). Zudem befindet sich der Eifel-Blick in der Nähe von Eifelsteig, Römerkanal-Wanderweg und Eifeler Quellenpfad. Eine beschriebene Wanderung zum Eifel-Blick finden Sie ab S. 46.

RADFAHREN: Der Erfttradweg, die Drei-Flüsse-Tour an Ahr, Erft und Rhein, die Eifel-Höhen-Route und die Tälerroute verlaufen in der Nähe des Eifel-Blicks.

WEITERE EIFEL-BLICKE IN DER UMGEBUNG: Königsberg bei Kall-Urft (s. S. 34/35), Hagelkreuz bei Nettersheim-Buir (s. S. 40/41), Mühlenberg bei Nettersheim-Marmagen (s. S. 56/57), Brehberg bei Mechernich-Weyer (s. S. 28/29).

INFORMATION: Tourist-Information Nettersheim im Naturzentrum Eifel, Urftstraße 2-4, 53947 Nettersheim, Tel. 02486/12 46, Fax 02486/20 30 48, www.nettersheim.de

MUSEEN: Naturzentrum Eifel (inklusive „Haus der Fossilien), Urftstraße 2-4, 53947 Nettersheim, Tel. 02486/12 46, Fax 02486/20 30 48, www.naturzentrum-eifel.de, Öffnungszeiten: Mo-Fr 9-16 Uhr, Sa/So 10-16 Uhr (1. Mai bis 31. Oktober jeweils bis 18 Uhr)

BLICKPUNKTE: Von Westen (links) nach Nordosten (rechts) haben Sie Aussicht über das Naturerlebnisdorf Nettersheim. Dieser mehrfach prämierte Ort zeichnet sich durch eine herausragende natur- und umweltorientierte Lokalpolitik sowie einen entsprechenden Bildungsanspruch aus. Das Dorf weist eine Reihe von Informationszentren auf, wie das Haus der Fossilien, in dem Sie unter anderem die Waldgeschichte über Jahrtausende zurückverfolgen oder Fossilien der „Eifeler Südsee" bestaunen können. Zudem macht das Naturzentrum Eifel, das idyllisch am Ufer der Urft am Rande der Parkanlage Pfaffenbenden liegt, mit Ausstellungen und Veranstaltungen die vielfältige Natur- und Kulturlandschaft der Eifel erlebbar. Im selben Gebäude befindet sich auch das Holzkompetenzzentrum Rheinland.

In Nettersheim lässt sich eine Besiedlung seit der Römerzeit nachweisen (s. S. 12f.). Den Grundstein für die heutigen Siedlungsstrukturen legten die Franken im frühen Mittelalter, 867 erscheint der Ort in einer Urkunde König Lothars II. als „Nefresheim" und wies im Mittelalter drei Burganlagen auf. Nachdem Nettersheim 1871 an die Bahnlinie Köln - Trier angeschlossen worden war, lud der Ort um 1900 sogar für einige Zeit als Kneipp'sches Kurbad zu Erholungsaufenthalten ein. Deutlich erkennbar sind die beiden alten Dorfkerne: Der eine zieht sich von Westen (links) nach Norden auf der gegenüberliegenden Seite des Flüsschens Urft und des Bahndamms, wobei die Steinfelder Straße als gelungenes Beispiel für die erfolgreiche Wiederbelebung eines alten Ortskerns mit restaurierten Fachwerk- und Bruchsteinhäusern gilt. Der andere Teil liegt im Nordosten und Osten des Orts am Kirchberg, wo sich auch die katholische Pfarrkirche St. Martin befindet, deren Saalbau 1785 vollendet wurde. In den Jahren 1966 und 1968 wurden zwei Seitenschiffe in ungleicher Breite angefügt. Bemerkenswerte Ausstattungselemente sind ein barocker Hochaltar, ein spätgotisches Chorgestühl und ein Taufstein aus dem 12. Jahrhundert. Hinter der Kirche sehen Sie das 1921 eingeweihte Herz-Jesu-Kloster, das bis 1987 von Cellitinnen geführt wurde; heute bestehen Pläne seitens der Gemeinde Nettersheim, dort ein Hotel anzusiedeln.

Über den Nettersheimer Erlebnispfad

Wanderung zum Eifel-Blick ENZENBERG

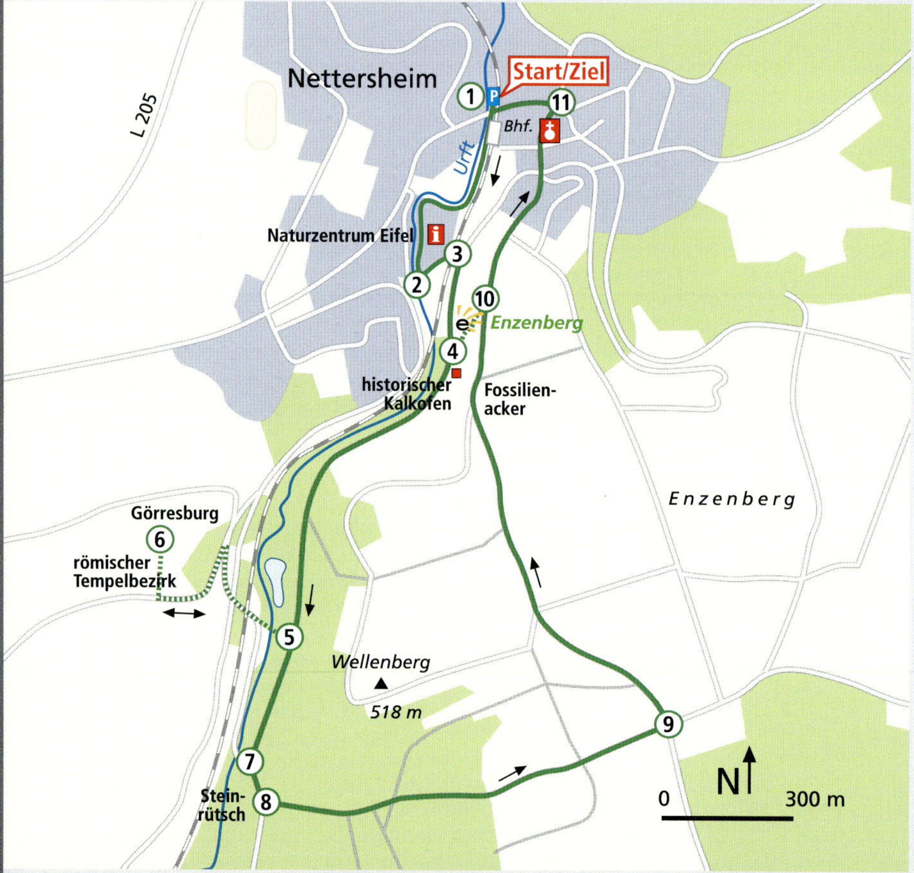

Länge: 2/7 km

Ausgangspunkt: Bahnhof/Parkplatz am Bahnhof Zutendaal-Platz, 53947 Nettersheim

Anfahrt mit ÖPNV: Nettersheim ist aus Richtung Köln und Trier mit der Bahn zu erreichen.

Parkmöglichkeiten: Parkplatz am Bahnhof

Hinweise: Diese Wanderung folgt dem Naturerlebnispfad in Nettersheim. 20 Stationen erläutern Besonderheiten zu Natur und Geschichte. Im dortigen Naturzentrum können Sie sich zusätzlich informieren oder sogar ausrüsten lassen: mit Hammer zum Fossiliensuchen auf dem Fossilienacker, mit Lupe und Fernglas für die Naturbeobachtung am Wegesrand, Kinder können Waldmusik machen, um nur einiges zu nennen. Ein großer Spaß für Erwachsene und Kinder – aber auch ruhiges Wandern ist möglich.

www.naturzentrum-eifel.de
-> aktiv draussen -> Erlebnispfad

Empfehlenswert ist das Begleitheft zum Erlebnispfad, erhältlich im Naturzentrum Eifel (s. S. 45)

(1) Vom Parkplatz aus queren Sie nach schräg rechts Straße, Bahngleise und Urft. Hinter den Gleisen und der Urftbrücke folgen Sie dem beschilderten Fußpfad nach links, entlang der Urft über 300 Meter zum Naturzentrum Nettersheim. Ausstellungen, Infoblatt und Begleitheft zum Erlebnispfad bieten Ihnen Wissenswertes. Vom Naturzentrum folgen Sie der Straße am Seitenausgang für 250 Meter weiter geradeaus.

(2) Die Straße mündet auf eine querende, die „Römerplatz" heißt und auf die Sie nach links abbiegen. Nach 100 Metern überqueren Sie erneut die Bahnlinie.

(3) Hier biegen Sie nach rechts in die Straße „Kaninhecke" in Richtung der Kalkbrennöfen/Werkhäuser ab. Nach 250 Metern treffen Sie auf zwei restaurierte historische Kalköfen aus dem 19. Jahrhundert, der zu einem Kalkwerk gehörte, das bis circa 1930 hier existierte, und in dem Kalk gebrannt wurde (s. S. 48). Der Kalkstein wurde im oberhalb gelegenen Steinbruch abgebaut, gebrannt und in Loren zu dem Mahlwerk gebracht, das etwa 200 Meter entfernt an der Strecke liegt. Der Ofen ist von oben und unten begehbar. Sie müssen sich hier entscheiden, ob Sie die Abkürzung (s. S. 55) nehmen oder die komplette Strecke wandern wollen.

Gesamte Strecke:

(4) Nach der Besichtigung der Kalköfen wandern Sie über die Kaninhecke weiter geradeaus in Richtung „Werkhäuser/Steinrütsch" und „Römerweiher". Nach 200 Metern kommen Sie zu den Werkhäusern, in denen das Kalkgestein gemahlen wurde, und die, wie die Kalköfen, in der Vergangenheit zum Kalkwerk gehörten. Diese denkmalgeschützten Zeugnisse der Industriegeschichte beherbergen heute eine Ausstellung zur Geologie sowie eine zu Kalkabbau und -nutzung, ein Mine-

Historische Kalkbrennöfen in Nettersheim aus dem 19. Jahrhundert

ralienkabinett und eine historische Getreidemühle, die ursprünglich mit Wasserkraft betrieben wurde. Die Ausstellungen können im Rahmen von Veranstaltungen des Naturzentrums und nach Absprache besucht werden. Linksseitig erheben sich nun steile Felswände mit Kalkbänken, die durch den ehemaligen Kalkabbau freigelegt wurden. Hinter den Werkhäusern können Sie parallel zur Waldstraße über eine Holzstiege den Weg über eine bewaldete Halde fortsetzten – ein angenehmer Fußpfad entlang hoher Bäume und mit Rastplätzen. Der Pfad führt an einem Spielplatz in der Nähe des „Eifelhauses" auf die Kaninhecke zurück. Dahinter passieren Sie eine Schranke, und der Weg verläuft nun weiter durch eine abwechslungsreiche Landschaft aus Wald und den feuchten Wiesen der Urftaue. Im Juli finden Sie an den Wegrändern dieser Waldstraße an der Urftaue die großen, tief violetten Blüten der Nesselblättrigen Glockenblume. An feuchteren Stellen

Über den Nettersheimer Erlebnispfad

KALK UND SEINE NUTZUNG

Römischer Kalkofen in Iversheim mit birnenförmigem Innenraum

Bereits in der Antike finden sich bei dem griechischen Philosophen Theophrast (geboren um 327 vor Christus) Beschreibungen über das Kalkbrennen und die Verwendung des Branntkalks. Das Wissen um diese Prozesse ist also schon sehr alt. In Westeuropa wurde das Kalkbrennen von den römischen Besatzern wahrscheinlich kurz vor der Zeitenwende eingeführt. Nicht weit von Nettersheim, in Bad Münstereifel-Iversheim, konnte eine römische Kalkbrennerei ausgegraben werden, die nachweist, dass das Kalkbrennen in dieser Region bereits in römischer Zeit in industriellem Maße betrieben wurde. Es wurde sogar ein römischer Kalkbrennmeister ausgemacht: „Titus Aurelius Exoratus, Soldat der 30. Legion", erfüllte als „Meister der Kalkbrennerei" sein Gelübde gegenüber der Göttin Minerva in Form eines Weihesteins und verewigte sich darauf durch seine Inschrift. Kalk wurde schon in der Antike für Mörtel und als Tünche beim Bauen verwendet. Bis heute ist der Umwandlungsprozess beim Kalkbrennen derselbe, nur die Ofentechnik wurde im Laufe der Jahrtausende verbessert. Bei diesem Prozess wird Kalkgestein ($CaCO_3$) aus Steinbrüchen in großen Öfen gebrannt, wobei dem Kalkgestein Kohlendioxid (CO_2) entzogen wird. Übrig bleibt das bröckelige Kalziumoxid (CaO), auch „gebrannter Kalk" oder „Ätzkalk" genannt, weil es vehement mit Wasser reagiert und bei Berührung mit der Haut und ihrer Feuchtigkeit bereits anfängt, sich mit Wasser zu verbinden. „Löscht" man das Kalziumoxid nun mit Wasser, entsteht Kalziumdihydroxid ($Ca(OH)_2$), auch „gelöschter Kalk" genannt – die Grundsubstanz für Mörtel und Kalktünche, die für Putz- und Streicharbeiten beim Häuserbau benötigt werden. Gelöschter Kalk kann zum Beispiel dann mit Sand und weiterem Wasser vermischt werden, wobei Mörtel als vorübergehend feuchte, formbare Masse entsteht, die später zu Stein erstarrt. Der Erstarrungsprozess ist darauf zurückzuführen, dass das Kalziumdihydroxid sich nach und nach mit dem Kohlendioxid aus der Luft verbindet und wieder zu Kalkstein wird: $Ca(OH)_2 + CO_2 \rightarrow CaCO_3 + H_2O$. Das Aushärten des Mörtels ist somit die Rückwandlung zum Kalkstein.

Die Um- und Rückwandlung des Kalksteins ist also schon seit der Antike bekannt und wurde seither beim Bauen genutzt – auch wenn die chemischen Verbindungen und ihre Formeln durch die sich entwickelnden Naturwissenschaften erst zu Beginn des 19. Jahrhunderts analysiert werden konnten. Gebrannter und gelöschter Kalk finden heute außer in der Bauindustrie vielfach Verwendung in unserem Alltag und bei der industriellen Herstellung von Lebensmitteln oder Gebrauchsgegenständen: als Düngekalk, als Scheuermittel zum Beispiel in Zahnpasten, Putzmitteln oder in Radiergummis, aber auch als Lebensmittelzusatzstoff (E 526) oder bei der Herstellung von Glas, Papier, Soda oder Zucker.

bilden Brennnessel und Mädesüß oder auch Rohrglanzgras den Bewuchs der Urftaue. Mit ihren neongrünen Hochblättern, die die blassgelben Blütenkörbchen kohlartig umschließen, macht die prächtige Kohldistel ihrem Namen alle Ehre. Die Pestwurz füllt mit ihren ausladenden, rhabarberähnlichen Blättern größere Flächen. Ihr Name deutet auf die ehemalige Verwendung als Heilpflanze hin. Ab Juni zeigen sich die dunkelblauen Blütenstände des Eisenhuts über dem Dickicht der Auenvegetation ab, etwas später blüht der cremefarbene Wolfseisenhut (s. Bild S. 55). Beide Arten gehören zu den giftigsten heimischen Pflanzen. Elfenhaft flattert die Blaue Prachtlibelle über das Pflanzengewirr und sucht sich gelegentlich eine Blattschale der Pestwurz als Ruheinsel. Gebirgsstelzen (s. Bild S. 131) laufen am Uferrand des Bachs, und Wasseramseln stoßen unter dem dunklen Laubdach hindurch, das den Bach streckenweise überwölbt. Schließlich passieren Sie den Römerweiher, der vor allem im Frühling malerisch wirkt, wenn er ausreichend Wasser führt. Im Juni blüht hier die gelbe Schwertlilie am Ufer, und Libellen jagen über die Wasseroberfläche. Mit etwas Glück können Sie sogar Eisvögel (s. Bild S. 139) auf der Jagd nach kleinen Fischen beobachten. Auch Nutrias haben sich seit einigen Jahren hier angesiedelt; die Art stammt ursprünglich aus Südamerika und wurde zu Beginn des 18. Jahrhunderts in Europa ausgewildert.

(5) Ein Stück hinter dem Weiher weist Sie ein Schild darauf hin, dass Sie nach rechts einen Abstecher (1 Kilometer) zu den rekonstruierten Überresten des gallo-römischen Matronentempels „Görresburg" machen können (s. S. 52).

(6) Der Weg führt über die Urft hinweg eine Treppe hinauf zur nächsten Hügelkuppe und wieder zurück; der Abstecher ist unbedingt empfehlenswert. Nach Ihrer Rückkehr setzen Sie von der Kaninhecke aus den Weg zum Steinrütsch geradeaus weiter fort. An diesem ehemaligen Steinbruch an der linken Seite des Wegs wird die Entstehung des Kalks durch die Eifeler Meeresstraße erläutert.

(7) Am Steinrütsch mündet der Feldweg auf eine querende Wirtschaftsstraße, auf die Sie nach links abbiegen. Anschließend finden Sie rechts auf einer Wiese, über zwei kleine Brücken hinweg, den Abguss eines römischen Meilensteins, der den Verlauf einer römischen Straße an dieser Stelle dokumentiert (s. S. 51). In Nettersheim hat es wohl zur Römerzeit eine bedeutende Benefiziarierstation gegeben (römische Straßenpolizei) sowie einen Ort (vicus) zwischen Steinrütsch und Matronentempel; hier wird in den kommenden Jahren ein archäologischer Park entstehen. Die archäologischen Funde

Paarungsrad der Hufeisen-Azurjungfer: Männchen blau, Weibchen grün

Über den Nettersheimer Erlebnispfad

ORCHIDEEN

Der Name „Orchideen" bezeichnet eine Pflanzenfamilie, ähnlich wie zum Beispiel auch die Rosengewächse eine sind. Die Zugehörigkeit einer Pflanze zu derartigen botanischen Kategorien ist durch Merkmale im Körperbau festgelegt. Das besondere Merkmal der Orchideengewächse ist das sogenannte „Säulchen": Der Stempel der Blüte (das weibliche Geschlechtsorgan) und das einzige Staubblatt (das männliche Geschlechtsorgan) sind im Verlauf der Evolution zu einer Einheit zusammengewachsen. Zudem werden die männlichen Pollen stets in größeren Paketen an die Insekten abgegeben, als sogenannte „Pollinien". Eine Gattung der Orchideen, die „Knabenkräuter", haben zwei Wurzelknollen, deren Form menschlichen Hoden ähnelt. Deren griechische Bezeichnung „Orchis" hat der gesamten Pflanzenfamilie ihren Namen gegeben. Für viele Menschen gelten zudem die Orchideen als besonders schöne Pflanzen: Mit ihren auffälligen Blüten werden sie gelegentlich als „Edelsteine der Flora" oder „Königin der Pflanzen" bezeichnet. Diese Pflanzenfamilie spricht also verstärkt das ästhetische Empfinden der Menschen an. Tatsächlich aber gibt es unter den heimischen Orchideen auch sehr viele unauffällige und kleine Arten.

Orchideen leben mit bestimmten Pilzen des Bodens in Symbiose. Fehlen diese, können die Orchideen dort nicht wachsen, und auch ihre Samen keimen dort nicht aus. Daher misslingt das Aussähen bzw. Wiedereinpflanzen von ausgegrabenen Orchideen im eigenen Garten in aller Regel; die Orchideen gehen ein – abgesehen davon sind weder Ausgraben noch Abpflücken von Orchideen oder Teilen von ihnen erlaubt, da diese, ähnlich wie Narzissen, auch außerhalb von Naturschutzgebieten zu den geschützten Pflanzen gehören.

Eine relativ unauffällige, aber besonders seltene Orchideenart in der Kalkeifel: das Kleine Knabenkraut

deuten zudem darauf hin, dass an diesem Ort auch Metall verarbeitet wurde. Die fragmentarische Inschrift des Meilensteins erlaubt eine Datierung in die Regierungszeit Kaiser Decius' von 249–251 nach Christus: „Dem Imperator Gaius Quintus Messius Decius Traianus, dem unbesiegten, frommen Glücklichen". Die Straße windet sich nun nach rechts; den abzweigenden untergeordneten Feldweg lassen Sie unbeachtet.

(8) Nach 30 Metern biegen Sie mit dem Erlebnispfad auf den nächsten Abzweig nach links ab und verlassen damit den Eifelsteig und den Jugendherbergsverbindungsweg. Auffällig an dieser Landschaft ist der Wechsel von Wald und Wiesen. Viele der Wiesen der Gemeinde Nettersheim stehen unter Naturschutz und werden nur extensiv bewirtschaftet, das heißt wenig gedüngt. Daher hat sich hier ein hoher Artenreichtum in der heimischen Pflanzenwelt erhalten, der naturgemäß auch mit einer großen Anzahl an Tierarten einhergeht. Einen ersten Eindruck davon vermittelt die Menge der Schmetterlinge, die Sie an regenfreien Sommertagen bei diesem Spaziergang umflattern. Verschiedene Stationen des Erlebnispfads stellen besonders duftende Pflanzen vor, ermöglichen einen Barfußlauf auf Waldboden oder lassen „Waldmusik" erklingen. Der Weg führt Sie schließlich aus dem Urfttal auf eine luftige Bergkuppe mit einer Wegekreuzung.

(9) An dieser biegen Sie auf die Feldstraße nach links in Richtung „Nettersheim" ein; eine Bank lädt zum Picknick mit

Die lateinische Original-Inschrift auf dem römischen Meilenstein lautet:
IMP (eratori) CAES(ari) C(aio) QUINT(o) MESSIO DECIO
TRAIANO INVICTO P(io fel)ICI

Über den Nettersheimer Erlebnispfad

MATRONENHEILIGTÜMER BEI NETTERSHEIM

Der Standort „Görresburg" ist einer von drei Matronenheiligtümern in der näheren Umgebung von Nettersheim: Ein weiterer steht in Nettersheim-Zingsheim und der dritte in Bad Münstereifel-Nöthen. Auf der Nettersheimer Görresburg umschließt eine Umfassungsmauer drei kleinere Bauwerke. Das größte war offensichtlich ein gallo-römischer Umgangstempel, der der Verehrung der Aufanischen Matronen diente. Die Beinamen der Matronen lassen sich häufig auf die Namen der seinerzeit am Ort lebenden Familiensippe zurückführen, so wurden in der Nöthener Tempelanlage die Matronae Vacallinehae angebetet. Die Verehrung von Matronen ging auf einen einheimischen, keltischen (= gallischen) Kult zurück. Wahrscheinlich sind viele der römischen Tempelstätten in den ehemaligen heiligen Hainen oder Baumheiligtümern der Kelten erbaut worden.

Die Matronenverehrung über Weihesteine mit Inschriften oder in steinernen Tempeln hat sich offenbar im ersten Jahrhundert nach Christus entwickelt; die älteste der inzwischen über tausend gefundenen Weiheinschriften wird auf die Zeit zwischen 70 und 89 nach Christus datiert. Für das 2. Jahrhundert nimmt die Anzahl der gefundenen Weiheinschriften zu, um 240 werden die letzten Inschriften erstellt, Anfang des 5. Jahrhunderts ist der Kult ausgestorben. Historiker vermuten, dass ein bereits bestehender keltisch-germanischer Kult nach der Besetzung durch die Römer linksrheinisch in steinernen Kultzentren seinen „romanisierten" Ausdruck fand.

Die Anliegen, aufgrund derer solche Steine gestiftet wurden, hatten in der Regel familiären Charakter: Um beruflichen Erfolg, um Schutz für die Familie, um Fruchtbarkeit wurde ge-

Matronen-Weihestein im gallo-römischen Tempelbezirk „Görresburg" in Nettersheim

beten oder für die Errettung aus Gefahr beziehungsweise die Heilung von einer Krankheit gedankt. Die Opfernden gehörten meist zu niederen oder mittleren Rängen in der römischen Armee. So lautet eine Inschrift auf den Nettersheimer Weihesteinen an dem ehemaligen Umgangstempel: „Den Aufanischen Matronen hat Marcus Petronius Patroclus, Straßenpolizist im Stabe des Statthalters und zum zweiten Male auf Posten, sein Gelübde gerne und gebührend eingelöst" [... indem er diesen Weihestein gestiftet hat, Anm. der Verf.].

Das Zentrum des Matronenkults bildete die linksrheinisch gelegene römische Provinz Niedergermanien, deren Hauptstadt Köln war. Dass gerade bei Nettersheim und Bad Münstereifel eine Häufung von drei Matronentempeln gefunden wurde, wird als Zufall angesehen; sie wurden offenbar im Zuge der späteren Christianisierung ausnahmsweise nicht von Kirchen überbaut. Man nimmt an, dass der Matronenkult im linksrheinischen Gebiet weit verbreitet war. Die Matronen werden stets als Dreiheit abgebildet: drei sitzende Frauengestalten, oft mit Körben oder Kästchen auf dem Schoß, mit Füllhorn oder Windeln. Die beiden äußeren Figuren tragen die mittels einer Haube hochgesteckte Haartracht verheirateter ubischer Frauen, während die mittlere als Mädchen mit schulterlangem, offenen Haar dargestellt wird. Die ursprünglichen Bewohner der Eifel, die Eburonen, ein keltischer Stamm, waren in den Jahren 53 und 51 vor Christus von Caesar in mehreren blutigen Feldzügen geschlagen worden; darüber hinaus gab Caesar dieses Gebiet zur Plünderung und Besiedlung durch die benachbarten Stämme frei. Im östlichen Teil ließen sich die Ubier nieder, ein Stamm aus dem rechtsrheinischen Germanien, im westlichen die Tungerer (die der belgischen Stadt Tongeren ihren Namen verliehen). Die Eburonen waren jedoch wohl nicht vollständig vernichtet worden, sondern sollen nach Niederschriften von Strabon (um

Die rekonstruierten Grundmauern der Tempelanlage

Über den Nettersheimer Erlebnispfad

Die drei Jungfrauen auf einem Esel in der Kirche von Auw an der Kyll. Auffällig ist das Alter der drei Frauen: vorne eine alte, in der Mitte eine sehr junge, hinten eine mittelalte Frau.

7 vor Christus) ein unterworfener und befriedeter Stamm gewesen sein. Auf diese Weise hat sich in der Eifel germanische, keltische und römische Kultur vermengt, und die Matronenverehrung ist ein religiöser Ausdruck dieser Mischung.

Von den drei Matronen wird angenommen, dass sie die Genealogie der Frau darstellen: das junge Mädchen, die gebärfähige und die alte Frau. Einige Historiker sehen Parallelen zwischen diesen drei keltischen Frauengestalten und den drei Nornen aus der Edda, einer Sammlung von zum Teil sehr alten Liedern, die um 1270 in Island niedergeschrieben wurde. Darin werden drei Schicksalsfrauen mit Namen genannt: Urd (das Gewordene), Verdandi (das Werdende) und Skuld (das Werdensollende), das heißt Vergangenheit, Gegenwart und Zukunft. Sie wohnen an der Wurzel der Welteneschen Yggdrasil an einem Brunnen, der nach der ältesten Norne „Urdaborn" heißt, und lenken die Geschicke der Menschen und Götter.

Es wird angenommen, dass die drei Matronen auch die Grundfiguren der „Juffernsagen" (Jungfrauensagen) sind, die vor allem im linksrheinischen Gebiet existieren. Juffernsagen sind überwiegend aus dem Dürener, Eschweiler und Jülicher Raum an Rur und Inde belegt; ein Dürener Schulrektor namens Heinrich Hoffmann (1848–1917) sammelte sie im letzten Jahrhundert und schrieb sie nieder. Vermutlich gab es zwischen Eifel und Rhein ebenfalls Juffernsagen, doch wurden sie nicht aufgeschrieben und konnten sich somit nicht erhalten. In den Sagen werden die Juffern als alterslose, stumme Wesen geschildert, die entweder zu dritt oder allein erscheinen, und es wird davor gewarnt, sie anzusprechen, da dies den Tod zur Folge habe. Von tanzenden und jauchzenden Juffern wird berichtet, von weißen, die segnen und Dinge zum Guten wenden, aber auch von schwarzen, die Unglück oder Tod bringen können. Eine mögliche Erklärung für Juffernsagen mit kopflosen Frauen sind Götterbilder oder Matronensteine, die während der Christianisierung geköpft oder verstümmelt wurden.

In Auw an der Kyll (rund 70 Kilometer südlich von Nettersheim, zwischen Bitburg und Trier) gingen die drei Jungfrauen in eine lokale christliche Sage ein. Obwohl das Alter der drei Jungfrauen in der Sage keinerlei Rolle spielt, zeigt die Darstellung die althergebrachten weiblichen Alterstypen. Diese Ungereimtheit weist auf den Vorläuferkult hin. Die gallo-germano-römischen Göttinnen existieren also nach dem Ende ihrer Epoche bis heute in der Sagenwelt und im Volksglauben weiter.

Fernblick über die benachbarten Eifelhöhen ein. Querende untergeordnete Wege lassen Sie unbeachtet und folgen der Feldstraße, bis Sie nach einem Kilometer schließlich rechtsseitig zu einem Acker kommen, der jährlich eigens für die Fossiliensuche der Gäste umgegraben wird. Eine Tafel erläutert die häufigsten Fossilien, die Sie hier finden können. Kurze Zeit später kommen Sie an ein Wegekreuz mit Picknickplatz, 100 Meter darauf mündet an einem weiteren Kreuz die Abkürzung ein. Bitte lesen Sie weiter bei **(10)**.

Abkürzung:
(4) Steil schlängelt sich der Fußpfad in Serpentinen am Kalkofen den Hang hinauf. Über Stiegen überwindet er auf 300 Metern Länge 50 Höhenmeter und mündet schließlich an einem modernen Wegekreuz auf eine querende Feldstraße, den Erlebnispfad. Auf diesen biegen Sie nach links ein.

(10) Sie folgen der Feldstraße weiter und kommen nach 200 Metern zum Eifel-Blick. Die Gemeinde Nettersheim ist mehrfach zur „Bundeshauptstadt für Naturschutz" gekürt worden; viele ihrer Einrichtungen werden auf dem Panoramablick erläutert. Die Feldstraße führt Sie als Blankenheimer Straße nach Nettersheim hinein. Ungeachtet einmündender Straßen folgen Sie ihr über weitere 750 Meter, bis sie auf die querende Bahnhofstraße mündet.

(11) Auf diese biegen Sie nach links ein und kommen nach 250 Metern zurück zum Zutendaal-Platz.

Der Wolfseisenhut, mit dessen Gift in der Vergangenheit Wölfe bekämpft wurden, die die Haustiere der Bauern rissen

Mühlenberg bei Nettersheim-Marmagen

Der Aussichtsturm (546 Meter Höhe) befindet sich auf dem frei zugänglichen Gelände der Eifelhöhen-Klinik, an der zudem der barrierefreie Landschaftspfad mit zahlreichen Stationen zum Naturerlebnis einlädt.

Lühbergstraße in Blankenheim

Aus rund 250 Metern Höhe breitet sich vor Ihnen das Panorama auf Burg und Altstadt von Blankenheim aus.

INFORMATIONEN

MÜHLENBERG BEI NETTERSHEIM-MARMAGEN

Anfahrt: 53947 Marmagen, Dr.-Konrad-Adenauer-Straße; dort Parkmöglichkeit. Folgen Sie in Nettersheim-Marmagen der Beschilderung „Eifelhöhen-Klinik". GPS-Koordinaten (WGS 84): N 50° 29.025' E 006° 34.405'

ÖPNV: aus Richtung Köln oder Trier mit der Bahn bis Nettersheim, von dort weiter mit Buslinie 820 (Tel. 01804/15 15 15, mindestens 60 Minuten vor Abfahrt bestellen)

Barrierefrei: Parkplätze, auch ausgewiesene Behindertenparkplätze, sind direkt an der Eifelhöhen-Klinik vorhanden. Der gesamte Weg zum Eifel-Blick ist gepflastert, und entlang dem Naturerlebnispfad gibt es zahlreiche Ruhebänke. Der Eifel-Blick mit Tafel befindet sich auf dem Aussichtsturm direkt am barrierefreien Landschaftspfad, Rollstuhlfahrer haben jedoch keine Möglichkeit, den Turm zu besuchen. Besichtigen Sie auch die anderen Stationen des barrierefreien Landschaftspfads auf dem Gelände.

Wandern: Wanderkarte 1:25.000 des Eifelvereins Nr. 5 „Kall, Kommern, Mechernich, Nettersheim". In der Nähe des Eifel-Blicks verlaufen Josef-Schramm-Weg (HWW 4) und Eifeler Quellenpfad. Der Aussichtspunkt liegt in der Nähe der Nettersheim-Tour 3 „Natur pur", eine Routenbeschreibung ist im Naturzentrum Eifel erhältlich (s. u.).

Weitere Eifel-Blicke in der Umgebung: Königsberg bei Kall-Urft (s. S. 34/35), Pferdekopf bei Kall-Rinnen (s. S. 36/37), Enzenberg bei Nettersheim (s. S. 42/43).

Information: Tourist-Information Nettersheim im Naturzentrum Eifel, Urftstraße 2-4, 53947 Nettersheim, Tel. 02486/12 46, Fax 02486/20 30 48, www.nettersheim.de

Blickpunkte: Vom Aussichtsturm am Mühlenberg aus gewinnen Sie einen guten Überblick über die Hügellandschaft der Kalkeifel und den Ort Marmagen, aus dem die Vorfahren von Alexandre Gustave Eiffel stammten, der den Eiffel-Turm in Paris erbaute. Als sie nach Frankreich auswanderten, nannten sie sich aufgrund ihrer Herkunft „Eiffel".

Im Süden sehen Sie die Eifelhöhen-Klinik, ein 1975 eröffnetes Rehabilitationszentrum. Auf dem Parkgelände im Vordergrund verläuft der barrierefreie Landschaftspfad. Rechts, im Westen, erkennen Sie am Horizont den Windpark Schöneseiffen, davor liegt im Mittelgrund der Ort Wahlen. Im Naturschutzgebiet „Hundsrück" am Gillesbach blühen an steilen Hängen die Küchenschellen, die mit ihren violetten Glocken bereits Ende März den Frühling einläuten (s. Bild S. 10).

Im Nordwesten sehen Sie Kloster Steinfeld mit seinen Türmen (s. S. 13 f.), dahinter am Horizont den Feuerwachturm Wolfgarten im Nationalpark Eifel mit Eifel-Blick. Weiter rechts, im Nordosten, trennt das Urfttal den Hintergrund vom Vordergrund, und am Horizont, rechts neben der auffälligen Kuppe des 581 Meter hohen Mannenbergs, können Sie Zingsheim ausmachen. Dort wurden die Überreste einer römischen Tempelanlage gefunden (s. S. 52). Weiter im Osten zeigt sich (links von der Zufahrtsstraße zum Parkplatz) am Horizont der Michelsberg, ein ehemaliger Vulkan, mit Eifel-Blick (s. S. 30/31). Rechts davon liegt Nettersheim, ebenfalls mit Eifel-Blick. Im Südosten kommt schließlich Marmagen ins Blickfeld, mit dem Eiffel-Platz, der ehemaligen Burg, der Pfarrkirche St. Laurentius, der Villa Hubertus und der Eifelhöhen-Klinik.

INFORMATIONEN
LÜHBERGSTRASSE IN BLANKENHEIM

ANFAHRT: 53945 Blankenheim, Kölner Straße/Rathausplatz 16. Gegenüber dem Rathausplatz finden Sie den Parkplatz am Blankenheimer Weiher und müssen von dort circa 500 Meter zu Fuß gehen. Sie kehren zur B 258 (Kölner Straße) zurück und biegen auf diese nach links ein. Kurz darauf erreichen Sie die Ahrstraße, der Sie nach rechts folgen, und biegen nach 200 Metern links auf die Straße „Am Lühberg" ab, die sich über einen Fußpfad und Treppen geradeaus bis zur querenden Lühbergstraße fortsetzt. Nach etwa 50 Metern erreichen Sie den Eifel-Blick. GPS-Koordinaten (WGS 84): N 50° 43.14' E 006° 64.71'

ÖPNV: aus Richtung Köln oder Trier mit der Bahn bis Blankenheim-Wald, von dort mit Buslinie 823 bis Blankenheim Busbahnhof Tel. 01804/15 15 15, mindestens 60 Minuten vor Abfahrt bestellen)

WANDERN: Wanderkarte 1:25.000 des Eifelvereins Nr. 12 „Blankenheim/Oberes Ahrtal". Der Eifel-Blick ist an den Eifelsteig, den Eifeler Quellenpfad, den Themenweg „Wo die Ahr entspringt" sowie den Jakobspilgerweg und weitere örtliche Wanderwege angebunden.

RADFAHREN: Per Fahrrad gelangen Sie über die Eifel-Höhen-Route, die Historische Ortskernroute, den Ahrtal-Radweg und den Erft-Radweg nach Blankenheim.

WEITERE EIFEL-BLICKE IN DER UMGEBUNG: Nonnenbacher Weg bei Blankenheim (s. S. 66/67), Mühlenberg bei Nettersheim-Marmagen (s. S. 56/57), Hühnerberg bei Blankenheim-Lommersdorf (s. S. 68/69), Kalvarienberg bei Blankenheim-Alendorf (s. S. 84/85), Friedhof bei Dahlem (s. S. 74/75), Missionskreuz bei Dahlem (s. S. 72/73)

INFORMATION: Verkehrsbüro Blankenheim, Ahrstraße 55-57, 53945 Blankenheim, Tel. 02449/872 22, Fax 02449/871 99, www.blankenheim.de

MUSEEN: Eifelmuseum und Gildehaus, Ahrstraße 55-57, 53945 Blankenheim, Tel. 02249/872 24 und -872 25, www.eifelmuseum-blankenheim.de, Öffnungszeiten: Eifelmuseum Mai bis September Mo-Fr 9-17 Uhr, Sa/So/Feiertage 9-16 Uhr, Gildehaus Mai bis September täglich 14-17 Uhr

Karnevalsmuseum im Georgstor, Ahrstraße 20, 53945 Blankenheim, Öffnungszeiten: nach Vereinbarung, Informationen erteilt das Verkehrsbüro Blankenheim (s. linke Spalte).

BLICKPUNKTE: Blankenheim, im Ahrtal, mit seinem malerischen historischen Ortskern wird von der Burg am gegenüberliegenden Hang dominiert. 1115 auf jenem Bergsporn errichtet, wird dort heute eine Jugendherberge mit rund 170 Betten betrieben. Zur Burg gehören auch die Gebäude rechts am Burgberg, die mittlerweile in Privatbesitz befindliche, von der Jugendherberge genutzte Unterburg mit Kanzlei und Gartenanlage sowie die darunter liegende Bastei, die in den Jahren 1614 bis 1644 zum Schutze vor Überfällen angelegt wurde. Die Bergkuppe hinter der Burg wird vom „Tiergartentunnel" durchquert (s. S. 62).

Links vor der Burg, am Fuße des Burgbergs, liegt die spätgotische katholische Pfarrkirche St. Maria Himmelfahrt. Errichtet zwischen 1495 und 1505, birgt sie sakrale Kostbarkeiten wie Maria im Strahlenkranz, den Hochaltar, die beiden Seitenaltäre und eine Reliquiensammlung. Links vor der Kirche befindet sich auf der Talsohle der historische Ortskern mit der Ahrquelle, einer auffällig wasserreichen Quelle (s. S. 98), die dort unter einem Haus entspringt, nach rechts durch den Ort geleitet und jenseits der B 258 zum Blankenheimer Weiher aufgestaut wird, von wo sie sich in ihr natürliches Tal, das obere Ahrtal, ergießt. Der Weiher wurde mit barrierefreien Erholungsanlagen ausgestattet, die als Austragungsort des jährlich stattfindenden Blankenheimer Kulturprogramms „Blankenheimer Sommer am See" dienen.

Im Zentrum von Blankenheim finden Sie drei Museen: Das Eifelmuseum stellt historisches Handwerk und Natur der Eifel vor, das angeschlossene Gildehaus gibt Einblicke in das Eifeler Leben um 1900, bereichert wird dieses Angebot durch aktuelle Kunstausstellungen und ein Museumscafé. Darüber hinaus gibt es das Georgstor, das die Besonderheiten des Blankenheimer Karnevals zeigt. Der legendäre Geisterzug ist der karnevalistische „Geheimtipp" der Region.

BURG BLANKENHEIM UND IHRE WASSERLEITUNG

Burg Blankenheim wurde Anfang des 12. Jahrhunderts als neue, größere Residenz der Grafen von Blankenheim oberhalb der Ahrquelle errichtet, nachdem die „Alte Burg" bei Blankenheimerdorf zu klein geworden war. Die Architektur der frühen Burg ist heute nicht mehr rekonstruierbar, da sie durch An- und Neubauten vor allem im 15. Jahrhundert stark verändert wurde. 1468/69 fiel sie durch Erbschaft an die bereits zuvor über großen Reichtum verfügenden Grafen von Manderscheid.

Graf Dietrich III. von Manderscheid-Blankenheim leitete dem damaligen Zeitgeist entsprechende umfassende Modernisierungen und Erweiterungen ein. Die Weiterentwicklung der Kriegsgeschütze zu Feuerwaffen führte hinsichtlich der Ritterburgen seit dem 14. Jahrhundert in zwei gegensätzliche Richtungen: Entweder rüsteten die Burgherren sie zu Festungen auf, oder die Wehrfunktion wurde ganz aufgegeben und die Burg zum Schloss umgebaut. Auf diese Weise wandelte sich auch Burg Blankenheim in den folgenden zwei Jahrhunderten zu einem barocken Schloss. Um 1730 wurde nach Vorbildern beispielsweise der Gärten von Schloss Augustusburg in Brühl ein barocker Garten mit einer Orangerie angelegt, in der mediterrane Gewächse wie Zitronen- und Orangenbäume oder Palmen überwintern konnten. Daneben betrieb man in der eingezäunten, bewaldeten Bergkuppe oberhalb der Burg ein Wildgehege (= Tiergarten) als lebende Vorratshaltung für die Küche, um daraus bedarfsweise Fleisch auftischen zu können.

Über der Altstadt: Burg Blankenheim auf dem Gipfel des Burgbergs

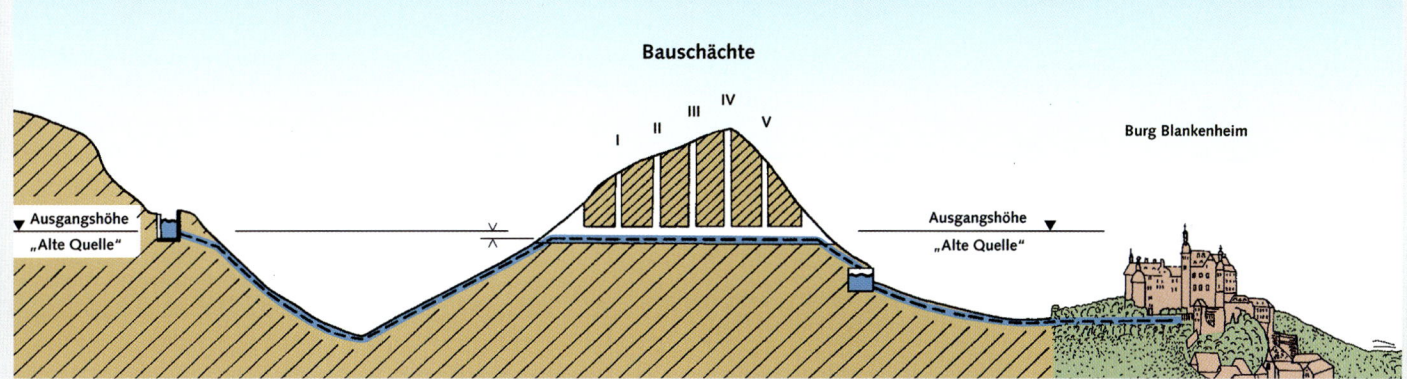

Der Verlauf der mittelalterlichen Wasserleitung von der „Alten Quelle" durch die Kuppe des Tiergartens zu Burg Blankenheim

1794 floh die Grafenfamilie vor den napoleonischen Kriegen, und das Schloss verwahrloste. Ab 1894 ließ Preußen die Ruinen sichern, 1926 ging die Burg in das Eigentum der deutschen Turnerschaft über, seit 1936 ist sie im Besitz des deutschen Jugendherbergswerks. In verschiedenen Bauabschnitten wurde sie zu der einladend modernen Jugendherberge in altem Gemäuer umgebaut, die sie heute ist.

Zu den umfassenden Modernisierungen von Graf Dietrich III. von Manderscheid-Blankenheim Mitte des 15. Jahrhunderts gehörte auch der Bau einer Wasserleitung, die die Wasserversorgung der Burg in Menge und Qualität verbesserte. Die etwa 850 Meter lange Leitung führte Wasser aus der Quelle eines benachbarten Tals heran. Der Name des Quellorts war „In der Rhenn" und deutet bereits an, dass dort „rinnendes" Wasser, also Quellwasser, zu finden war. Heute heißt der Ort „Alte Quelle".

Das Besondere an dieser mittelalterlichen Wasserleitung bestand darin, dass das Quellwasser nicht einfach durch eine Gefälleleitung zur Burg geführt werden konnte, sondern es musste ein Tal und die Bergkuppe des Tiergartens überwinden: Dazu baute man zunächst eine Quellfassung, die einen breiten Quellhorizont mit 16 Metern Mauerlänge einfasste. Die Fassung bestand aus zwei parallelen Mauern quer zum Hang im Abstand von 1,5 bis 2 Metern. Die innere, am Berg gelegene Mauer dieser Fassung stabilisierte den Hang, ließ aber gleichzeitig Wasser in die Brunnenstube durchsickern. Die äußere Mauer hingegen war wasserdicht und bildete ein umschließendes „U", das die Brunnenstube darstellte und gegen Wasserverlust schützte. Die Brunnenstube war in drei Kammern unterteilt, die mit faustgroßen Steinen gefüllt wurden, wodurch das Wasser zunächst grob gefiltert wurde (s. Bild S. 65).

Ausgegrabene Leitungsabschnitte aus Holzrohren mit Deichelringen

Nach dem physikalischen Prinzip der „kommunizierenden Röhren", demzufolge Wasser in einer aufrechtstehenden, u-förmigen Röhre in den beiden Schenkeln immer gleich hoch aufsteigt, floss das in der Brunnenstube gesammelte Wasser durch eine sogenannte „Druckleitung" hangabwärts; es stieg also durch den Wasserdruck, der durch die Höhe der Quelle über dem Talboden bedingt wurde, an der anderen Talseite von selbst in der Leitung wieder auf, und zwar genau bis zu der Höhe, die auch die Quelle hatte.

Die Tiergartenkuppe wurde von einem Stollen durchbrochen, dessen Mundloch einen Meter niedriger lag als die Quelle. Dadurch wurde sichergestellt, dass das Wasser ausreichend hoch stieg und durch den Tunnel abfließen konnte. Der Tunnel wurde im sogenannten „Quanat-Verfahren" gegraben. Da man im Mittelalter keine Messinstrumente besaß, um sich unter Tage zu orientieren, trieb man von der Kuppenoberfläche im Abstand von 20 bis 30 Metern in gerader Linie fünf senkrechte Schächte in den Berg, sodass die Richtungsabweichungen beim Stollenvortrieb erkennbar blieben und korrigiert werden konnten.

An der anderen Seite der Tiergartenkuppe angelangt, wurde das Wasser in ein „Wasserhäuschen" geleitet, einen circa 80 Kubikmeter großen, aus Stein gebauten Vorratsbehälter. Von dort aus konnte man zum einen eine Fontäne im Barockgarten speisen, zum anderen wurde das Wasser über eine Gefälleleitung in die Zisterne der Burg geführt.

Ein besonderes Merkmal dieser Wasserleitung war die Beschaffenheit der Rohre. Sie waren nicht, wie etwa in der Antike üblich, aus Blei, gemauertem Stein oder aus gebranntem Ton, sondern bestanden aus Holz. Dieses war preiswerter und besser verfügbar als Blei, und wenn einmal durchflutet, war es genauso dicht wie andere Materialien. Etwa 1,50 bis 2 Meter lange Abschnitte wurden mittels Eisenmanschetten, sogenannten „Deichelringen", zusammengefügt, die durch das Aufquellen des Holzes bei der Durchfeuchtung dicht abschlossen.

Die Wasserleitung mit dem Tiergartentunnel stellt ein faszinierendes Kapitel spätmittelalterlicher Technikgeschichte dar und ist durch einen Lehrpfad, der Sie zu den archäologischen Aufschlüssen führt, sehr gut dokumentiert. Zudem lädt auch das Eifelmuseum in Blankenheim mit Ausstellungsstücken zu dem Thema ein.

Burg Blankenheim und ihre Wasserleitumg

Die Quellfassung oder Brunnenstube in der Rhenn

Nonnenbacher Weg
bei Blankenheim

Von diesem Standort auf 540 Metern Höhe haben Sie bei gutem Wetter einen weiten Ausblick über das Ahrtal und die Vulkaneifel.

Hühnerberg
bei Blankenheim-Lommersdorf

Der Eifel-Blick liegt auf 530 Metern Höhe auf dem Hühnerberg am „Friedenskreuz"

INFORMATIONEN

NONNENBACHER WEG BEI BLANKENHEIM

Anfahrt: 53945 Blankenheim, Kölner Straße/Rathausplatz 16. Gegenüber dem Rathausplatz finden Sie den Parkplatz am Blankenheimer Weiher und müssen von dort circa 1,2 Kilometer zu Fuß gehen. Sie kehren zur B 258 (Kölner Straße) zurück und biegen auf diese nach links ein. Kurz darauf erreichen Sie rechts die Ahrstraße, von der der Nonnenbacher Weg unmittelbar nach links oben abzweigt und Sie über gut einen Kilometer steil bergan zum Eifel-Blick außerhalb des Orts führt. GPS-Koordinaten (WGS 84): N 50° 25.875' E 006° 38.840'

ÖPNV: aus Richtung Köln oder Trier mit der Bahn bis Blankenheim-Wald, von dort mit Buslinie 823 bis Blankenheim Busbahnhof (Tel. 01804/15 15 15, mindestens 60 Minuten vor Abfahrt bestellen)

Wandern: Wanderkarte 1:25.000 des Eifelvereins Nr. 12 „Blankenheim/Oberes Ahrtal". Sie erreichen den Eifel-Blick über Jugendherbergsverbindungsweg, Jakobspilgerweg, Eifelsteig und Eifeler Quellenpfad; auch der Josef-Schramm-Weg (HWW 4) verläuft ganz in der Nähe. Außerdem liegt der Eifel-Blick an den örtlichen Wanderrouten „Tiergartentunnel-Wanderweg" und „Wo die Ahr entspringt". Informationsfaltblätter zu beiden Routen sind beim Verkehrsbüro Blankenheim erhältlich (s. u.).

Radfahren: Per Fahrrad gelangen Sie über die Eifel-Höhen-Route, die Historische Ortskernroute, den Ahrtal-Radweg und den Erft-Radweg nach Blankenheim.

Weitere Eifel-Blicke in der Umgebung: Lühbergstraße in Blankenheim (s. S. 58/59), Mühlenberg bei Nettersheim-Marmagen (s. S. 56/57), Hühnerberg bei Blankenheim-Lommersdorf (s. S. 68/69), Kalvarienberg bei Blankenheim-Alendorf (s. S. 84/85), Friedhof bei Dahlem (s. S. 74/75), Missionskreuz bei Dahlem (s. S. 72/73)

Information: Verkehrsbüro Blankenheim, Ahrstraße 55-57, 53945 Blankenheim, Tel. 02449/872 22, Fax 02449/871 99, www.blankenheim.de

Blickpunkte: Der Blick schweift in einem Winkel von Osten (links) nach Südosten (rechts) in die Vulkaneifel, wobei der Aremberg mit seinem abgeflachten Gipfel (623 Meter) direkt ins Auge sticht. Auf der Vulkankuppe, die in der Tertiärzeit (vor 65 bis 2,6 Millionen Jahren) entstand, gibt es ein 241 Hektar großes Schutzgebiet, das Natura2000 angehört, dem europäischen Netz aus Schutzgebieten, in dem Europa sein Naturerbe bewahrt. An den Hängen des Schlotkegels haben sich Halden aus Basaltblöcken abgelagert, die mit Moosen überdeckt sind, und an denen Ringel- und Schlingnatter vorkommen. Die Buchenwälder an den Hängen sind mit Linden, Ulmen, Berg- und Spitzahorn sowie Eschen durchsetzt. Alpenjohannisbeere und Seidelbast finden sich in der Strauchschicht, die Krautschicht beherbergt Aronstab, Silberblatt, Zahnwurz, die Breitblättrige Glockenblume sowie Orchideen. Die auf dem Gipfel gelegene, 1166 zum ersten Mal erwähnte Burg Aremberg wurde mehrfach zerstört, umgebaut und Anfang des 19. Jahrhunderts abgerissen. Aus allen Bauperioden sind Reste erhalten, wie zum Beispiel der Burggraben mit Mauer, Bastionen der Festung sowie zwölf Linden aus dem ehemaligen Schlossgarten. Heute erhebt sich nur noch der 1854 aus Burgtrümmern errichtete Aussichtsturm aus den Ruinen. Rechts daneben zeigt sich am Horizont der spitze Kegel der Hohen Acht (mit 747 Metern die höchste Erhebung der Eifel). 1908/09 wurde dort anlässlich der Silberhochzeit von Kaiser Wilhelm II. und Kaiserin Auguste Viktoria der Kaiser-Wilhelm-Turm errichtet, der ebenfalls eine hervorragende Aussicht über die Eifel bietet.

Weiter im Südosten ragt der Vulkankegel der Nürburg (678 Meter) in den Himmel und im Mittelgrund verläuft das Ahrtal. Der Oberlauf der Ahr bildet über eine Länge von 22 Kilometern das Kerngebiet eines regionalen Großprojekts „Ahr2000", in dem auf einer Fläche von 130 Quadratkilometern zwischen 1993 und 2005 ein Verbund aus Schutzgebieten etabliert wurde (s. S. 87), der historische Kulturlandschaft erhält. Ahrtal-Radweg und Ahrtal-Wanderweg folgen dem romantischen Tal, bis die Ahr nach 89 Kilometern bei Sinzig in den Rhein mündet.

INFORMATIONEN

HÜHNERBERG BEI BLANKENHEIM-LOMMERSDORF

ANFAHRT: 53945 Blankenheim-Lommersdorf, Ringstraße; Parkplatz an der Kirche. Von dort sind es rund 1,5 Kilometer bis zum Eifel-Blick auf dem Hühnerberg. GPS-Koordinaten (WGS 84): N 50° 25.136' E 006° 44.305'

ÖPNV: aus Richtung Köln oder Trier mit der Bahn bis Blankenheim-Wald, von dort mit Buslinie 823 bis Lommersdorf Kirche (Tel. 01804/15 15 15, mindestens 60 Minuten vor Abfahrt bestellen)

WANDERN: Wanderkarte 1:25.000 des Eifelvereins Nr. 12 „Blankenheim und Oberes Ahrtal". Der Eifel-Blick liegt am Ahrsteig, am Ost-West-Weg und am örtlichen Wanderweg 22.

WEITERE EIFEL-BLICKE IN DER UMGEBUNG: Lühbergstraße in Blankenheim (s. S. 58/59), Mühlenberg bei Nettersheim-Marmagen (s. S. 56/57), Nonnenbacher Weg bei Blankenheim (s. S. 66/67), Kalvarienberg bei Blankenheim-Alendorf (s. S. 84/85).

INFORMATION: Verkehrsbüro Blankenheim, Ahrstraße 55-57, 53945 Blankenheim, Tel. 02449/872 22, Fax 02449/871 99, www.blankenheim.de

BLICKPUNKTE: Dieser Standort bietet Ihnen einen Sichtwinkel von Südosten (links) über Süden und Westen nach Nordwesten mit atemberaubendem Fernblick in die Kalk- und Vulkaneifel.

Wenn Sie das Panoramabild auf Seite 68/69 mit einer hypothetischen Uhrenskala von 9:00-15:00 Uhr hinterlegen, sehen Sie bei 9:00 Uhr am Horizont die Nürburg - auf der gleichnamigen Vulkankuppe gelegen -, die von der Rennstrecke „Nürburgring" umgeben ist. Im Süden zwischen 10:00 und 11:00 Uhr zieht sich Lommersdorf durch den Mittelgrund. Das Dorf gehört zur Gemeinde Blankenheim, liegt 450 Meter hoch und hat rund 670 Einwohner. Bei etwa 10:30 Uhr zeichnen sich in der Vulkaneifel der 637 Meter hohe Eselsberg und der Ernstberg (698 Meter) - beides ehemalige Vulkane - als kleine Hügel am Horizont ab. Bei etwa 10:45 Uhr ist bei klarem Wetter der SWR-Sendemast auf dem Schartberg am Horizont erkennbar.

Bei etwa 11:30 Uhr schieben sich im Mittelgrund die ersten Häuser von Freilingen ins Bild. Der rund 700 Einwohner zählende Ort ist Teil der Gemeinde Blankenheim, liegt auf 460 Metern Höhe und bietet mit einem See Erholungs- und Freizeitmöglichkeiten. Hinter den ersten Häusern erkennen Sie am Horizont Dollendorf mit dem Lampertstal, einem bekannten Naturschutzgebiet der Kalkeifel (s. S. 87). Der Ortsteil Schlossthal beherbergt eine idyllische Burgruine, deren hoch aufragender Turmrest als „Finger Gottes" bezeichnet wird. Das Lampertstal zieht sich zwischen 11:30 und 12:30 Uhr von Süden nach rechts in Richtung Westen, und die kleinen Dörfer in dessen Nähe reihen sich wie Perlen an einer Schnur auf: Hüngersdorf, mit seinem bekannten Vellerhof, dessen Ursprünge auf eine römische „villa rustica" zurückgehen, Ripsdorf und Alendorf. Bei 13:00 Uhr, am Ende der Häuserkette von Freilingen, erhebt sich der Stromberg (588 Meter) am Horizont, der am weitesten im Norden gelegene Vulkan der Eifel. Der bewaldete Hügel rechts davon, der sich zwischen 13:00 und 15:00 Uhr im Westen durch den Mittelgrund zieht, ist die Dahlemer Binz, die neben einem Flugplatz auch ein FFH- und Naturschutzgebiet von elf Hektar beherbergt, in dem strukturreiche historische Kulturlandschaft mit mageren und trockenen Heidegebieten, aber auch Weihern mit wertvoller Ufervegetation erhalten werden.

Ganz rechts im Nordwesten, bei 15:00 Uhr, liegt Blankenheim (s. S. 58/59 und 66/67), wo die Ahr entspringt, die bei Sinzig in den Rhein mündet.

Missionskreuz Heidenkopf
bei Dahlem

Der Eifel-Blick liegt 560 Meter oberhalb der Ortschaft Dahlem.

Friedhof bei Dahlem

Der Eifel-Blick liegt nicht weit vom Friedhof der Ortschaft Dahlem entfernt auf 560 Metern Höhe.

INFORMATIONEN

MISSIONSKREUZ HEIDENKOPF BEI DAHLEM

Anfahrt: 53949 Dahlem, Rennpfad; Parkplatz an der Bahnstation. Von der Bahnstation folgen Sie der Escher Straße zu Fuß bergan bis zum Missionskreuz (circa 1,5 Kilometer). GPS-Koordinaten (WGS 84): N 50° 22.905' E 006° 33.425'

ÖPNV: aus Richtung Köln oder Trier mit der Bahn bis Dahlem

Barrierefrei: 53949 Dahlem, Bahnstraße; Parkmöglichkeiten gibt es am Wanderparkplatz am Missionskreuz. Fahren Sie am Bahnhof vorbei in die Escher Straße bis zum Wanderparkplatz „Heidenkopf", und gehen Sie von dort circa 350 Meter zurück bis zum Eifel-Blick.

Wandern: Wanderkarte 1:25.000 des Eifelvereins Nr. 15 „Feriengebiet Oberes Kylltal". Der Eifel-Blick liegt an den örtlichen Wanderwegen D2 und D4, im Winter gibt es hier eine Langlaufloipe. In der Nähe verläuft der Jugendherbergsverbindungsweg. Eine beschriebene Wanderung „Über Moorpfad und Agrippaststraße", die zudem den Eifel-Blick „Friedhof" einschließt, finden Sie ab S. 78.

Radfahren: In der Nähe verläuft der Kylltal-Radweg.

Weitere Eifel-Blicke in der Umgebung: Burgruine bei Dahlem-Kronenburg (s. S. 142/143), Friedhof bei Dahlem-Kronenburg (s. S. 140/141), Friedhof bei Dahlem (s. S. 74/75), Weißer Stein bei Hellenthal-Udenbreth (s. S. 128/129), Lühbergstraße in Blankenheim (s. S. 58/59), Nonnenbacher Weg bei Blankenheim (s. S. 66/67).

Information: Tourist-Information Oberes Kylltal, Burgberg 22, 54589 Stadtkyll, Tel. 06597/28 78, Fax 06597/48 71, www.obereskylltal.de

Blickpunkte: Das Missionskreuz, nach dem der Standort benannt ist, wurde im Rahmen der Volksmissionen 1732, 1742, 1752 und 1760 durch die Jesuiten aus Münstereifel zunächst an der Kirche in Dahlem aufgestellt und 1921 auf den Heidenkopf versetzt. „Volksmission" waren Maßnahmen zur christlichen Glaubenserneuerung in einem bereits christianisierten Gebiet.

Wenn Sie das Panoramabild auf Seite 72/73 mit einer hypothetischen Uhrenskala von 9:00-15:00 Uhr hinterlegen, bestimmt im Süden zwischen 9:00 und 10:00 Uhr der lang gezogene, bewaldete Schneifelrücken an der Grenze zu Belgien den Horizont. Der Gebirgszug führt von Brandscheid bei Prüm nach Nordosten bis Ormont und ist ein europäisches Waldschutzgebiet von 3.665 Hektar Ausdehnung. Die höchste Erhebung der Schneifel ist der 697,3 Meter hohe Schwarze Mann (s. S. 149 und 156).

Während Dahlem noch im Süden des Lands Nordrhein-Westfalen liegt, blicken Sie von hier aus ins benachbarte Rheinland-Pfalz. Zwischen 9:00 und 14:00 Uhr trennt das Glaadtbachtal den Vordergrund vom Hintergrund. Das in diesem Bachtal gelegene, circa 72 Hektar große Naturschutzgebiet beherbergt naturnahe Gewässerabschnitte und Bachauen als Lebens- und Rückzugsraum für bedrohte Tier- und Pflanzenarten. Jenseits des westlichen Ortsrands von Dahlem liegt der Friedhof mit dem gleichnamigen Eifel-Blick (s. S. 74/75). Dahlem wurde im Jahr 867 erstmals urkundlich erwähnt; der Ortsname leitet sich von „Talheim" ab. Die örtliche Pfarrkirche wurde im Jahr 1844 erbaut.

Im Nordwesten zwischen 13:00 und 14:00 Uhr bildet der Zitterwald den Horizont, eine dünn besiedelte und überwiegend bewaldete Hochfläche im Grenzgebiet zu Belgien. Dort liegen die Quellgebiete von Olef, Urft und Kyll. Aus dem Zitterwald erhebt sich der WDR-Radiosender „Bärbelkreuz" auf 553 Metern Höhe. Rechts davor befindet sich die Abtei Maria Frieden: Im Jahr 1952 wurde das Gelände vom Kloster Mariawald auf dem Kermeter bei Heimbach gekauft und ein Frauenkonvent des Trappistenordens gegründet. Heute leben in der Abtei 24 Nonnen.

Bei etwa 14:00 Uhr sehen Sie den Verkehrs- und Sportflugplatz „Dahlemer Binz", im Norden, bei circa 15:00 Uhr, kommt Schmidtheim ins Blickfeld. Der Ort liegt an den schönen Wäldern des Quellgebiets der Urft und wurde 867 erstmals urkundlich erwähnt. Sehenswert sind zum Beispiel Schloss Schmidtheim, eine alte Linde an der Schmidtheimer Pfarrkirche und die Motte Zehnbachhaus im Urfttal.

INFORMATIONEN
FRIEDHOF BEI DAHLEM

ANFAHRT: 53949 Dahlem, Rennpfad; Parkplatz an der Bahnstation. Von der Bahnstation folgen Sie der Bahnstraße zu Fuß talwärts bis zur Schulstraße, gehen auf diese nach links und gleich wieder links durch das Ortszentrum auf den Kantoreiweg, dann nach links auf die Trierer Straße. Sie verlassen den Ort nach rechts über die Marienallee, gehen auf die Höhe zum Friedhof, an diesem rechts vorbei und weitere 750 Meter geradeaus (insgesamt circa 2,25 Kilometer). GPS-Koordinaten (WGS 84) N 50° 22.690' E 006° 32.025'

ÖPNV: aus Richtung Köln oder Trier mit der Bahn bis Dahlem

BARRIEREFREI: 53949 Dahlem, Marienallee; Parkmöglichkeit am Friedhof. Folgen Sie von dort dem örtlichen Wanderweg D5 (stufenlos, asphaltiert) bis zum Eifel-Blick über etwa 300 Meter.

WANDERN: Wanderkarte 1:25.000 des Eifelvereins Nr. 15 „Feriengebiet Oberes Kylltal". Der Eifel-Blick liegt an den örtlichen Wanderwegen D4 und D5. Eine beschriebene Wanderung „Über Moorpfad und Agrippastraße", die auch den Eifel-Blick „Missionskreuz Heidenkopf" einschließt, finden Sie ab S. 78.

RADFAHREN: In der Nähe verläuft der Kylltal-Radweg.

WEITERE EIFEL-BLICKE IN DER UMGEBUNG: Friedhof bei Dahlem-Kronenburg (s. S. 140/141), Burgruine bei Dahlem-Kronenburg (s. S. 142/143), Missionskreuz Heidenkopf bei Dahlem (s. S. 72/73), Weißer Stein bei Hellenthal-Udenbreth (s. S. 128/129), Lühbergstraße in Blankenheim (s. S. 58/59), Nonnenbacher Weg bei Blankenheim (s. S. 66/67).

INFORMATION: Tourist-Information Oberes Kylltal, Burgberg 22, 54589 Stadtkyll, Tel. 06597/28 78, Fax 06597/48 71, www.obereskylltal.de

BLICKPUNKTE: Weit reicht der Blick von Nordosten über Osten nach Südwesten über die Gemeinde Dahlem und das Kylltal bis in die Vulkaneifel hinein. Neben der Landwirtschaft bildete in den vergangenen Jahrhunderten auch die Eisenindustrie eine wichtige Wirtschaftsgrundlage. Die in Dahlem, Schmidtheim und Stadtkyll zutage geförderten Eisenerze wurden bis ins 19. Jahrhundert in Eisenwerken in Kronenburgerhütte, Hammerhütte und Jünkerath verarbeitet.

Der sehenswerte Altar der nahe gelegenen Friedhofskapelle stammt aus dem 15. Jahrhundert.

Wenn Sie das Panoramabild auf Seite 74/75 mit einer hypothetischen Uhrenskala von 9:00–15:00 Uhr hinterlegen, erhebt sich im Osten bei etwa 10:30 Uhr der Heidenkopf, ein Bergrücken, dessen verschiedene Gipfel mit Heidenkopf I, II und III bezeichnet werden. An dessen Hang liegt das Missionskreuz Heidenkopf mit gleichnamigem Eifel-Blick auf 560 Metern Höhe (s. S. 72/73). Zwischen dem Heidenkopf und dem hiesigen Standort verläuft das Glaadtbachtal, in dem auch Dahlem angesiedelt ist, dessen Häuser sich an die Hänge schmiegen (s. Blickpunkte S. 76).

Im Südosten, bei etwa 13:30 Uhr, öffnet sich in weiter Ferne das Kylltal und bietet einen Blick in die Vulkaneifel, wobei sich im Hintergrund die auffällige Kuppe der Dreiser Höhe (611 Meter) an Horizont abzeichnet. Die Kyll ist mit 142 Kilometern der längste Fluss der Eifel. Sie entspringt am Losheimer Graben an der Grenze zu Belgien und mündet bei Trier in die Mosel. Im Erholungsgebiet des oberen Kylltals gibt es viele lohnende Ziele wie den historischen Burgort Kronenburg und das Freizeit- und Erholungszentrum Kronenburger See (s. S. 140/141 und 142/143).

Rechts des Kylltals, bei etwa 14:00 Uhr, liegt die Ortschaft Schüller; bei etwa 15:00 Uhr kommt Stadtkyll ins Blickfeld, ein Luftkurort im oberen Kylltal. Sehenswert sind dort die Pfarrkirche St. Joseph und die Kapelle St. Hubertus in Niederkyll mit römischem Denkmal.

Über Moorpfad und Agrippastraße

Wanderung zu den Eifel-Blicken MISSIONSKREUZ HEIDENKOPF und FRIEDHOF

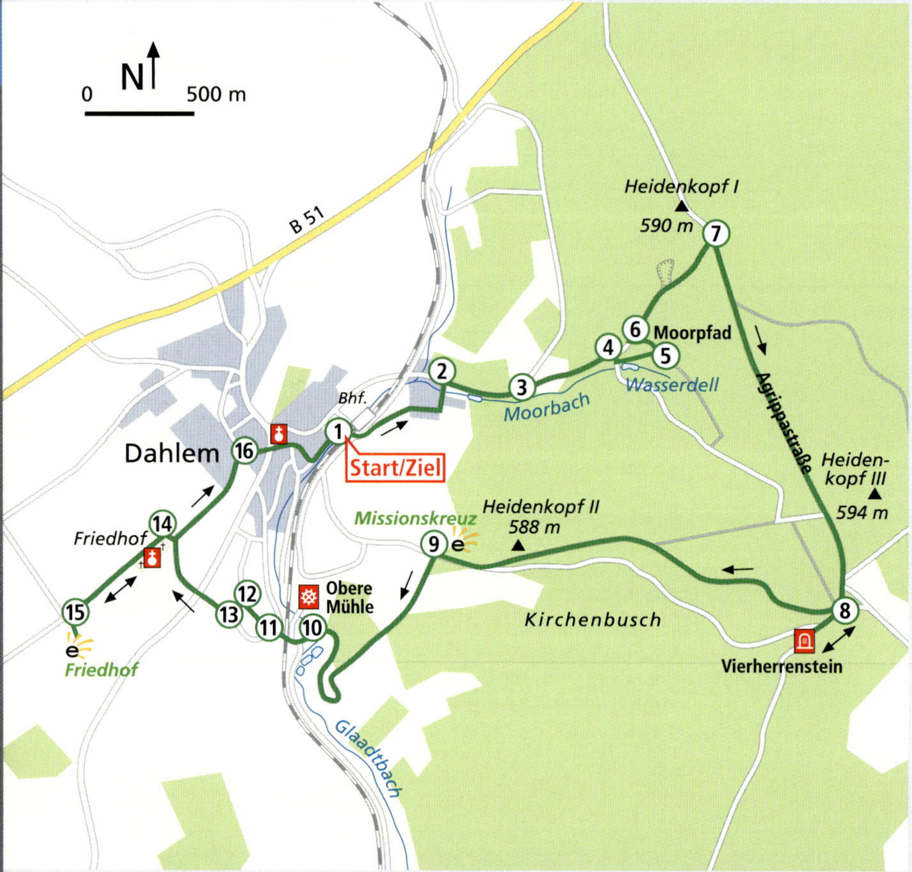

Länge: 12 km

Ausgangspunkt: Bahnstation Dahlem, Rennpf[ad] 53949 Dahlem

Anfahrt mit ÖPNV: aus Richtung Köln oder Tri[er] mit der Bahn bis Dahlem

Parkmöglichkeiten: Parkplatz an der Bahnstatio[n] Rennpfad, 53949 Dahlem

Hinweise: Diese Wanderung führt Sie von Dahl[em] über den Moorpfad und über die ehemalige rö[mi]sche Agrippastraße zu den EifelBlicken „Missio[ns]kreuz Heidenkopf" und „Friedhof".

Barrierefrei: Ein circa 800 Meter langes Teilstü[ck] der Strecke ist barrierefrei. Sie können über di[e] Schulstraße zum Wanderparkplatz „Wasserdell" (Nähe Punkt 4) fahren und von dort mit Gehwa[-] gen oder Rollstuhl in einer kleinen Rundtour d[en] Moorpfad (s. S. 82) über Bohlenwege folgen (St[re]ckenpunkte 4-5-6-4).

(1) Von der Bahnstation aus verlassen Sie das Bahngelände und queren den Bahnübergang nach links bergan, um gleich dahinter nach links in den hangparallelen Rennpfad abzubiegen. Diesem folgen Sie über 500 Meter ungeachtet einmündender Straßen und biegen am Ende nach links auf die querende Straße gleichen Namens ein, die nach 120 Metern auf die Schulstraße mündet.

(2) Während Sie rechts die letzten Häuser von Dahlem passieren, begleitet Sie links eine Hangbrache mit blühenden Kräutern und Gebüschen. Im April lädt hier der Schwarzdorn frühe Insekten zur Nektarmahlzeit, im Mai wird er von leuchtend gelbem Besenginster abgelöst, während im Juni Hundsrosen rosa-weiße Blüten an stachelbewehrten Bögen in die Landschaft setzen.

(3) Nach etwa 150 Metern kommen Sie an eine Gabelung. Hier nehmen Sie den rechten Abzweig und folgen der Wirtschaftsstraße für weitere 750 Meter ungeachtet abzweigender Wege. Die Straße führt Sie durch die Talaue des Moorbachs, die in den letzten Jahren renaturiert wurde: Der moorige Sumpf wurde größtenteils von den vormals angepflanzten Fichten befreit, sodass heute nur noch vereinzelt Fichtenriegel die Aue verstellen. Vielfach blühen Sumpfkratzdisteln, Kuckucks-Lichtnelken und Vergissmeinnicht; über ihnen gaukeln Schmetterlinge. Junge Öhrchenweiden, Vogelbeerbäume und Erlen haben sich auf den entfichteten Flächen angesiedelt: Die natürliche Vegetation kehrt zurück. Schließlich passieren Sie den Wanderparkplatz „Wasserdell" und kommen nach etwa 100 Metern an einen Abzweig.

(4) Auf diesen biegen sie nach rechts ein und folgen ihm für etwa 30 Meter. Noch vor dem Stauweiher „Wasserdell" biegen Sie nach links auf einen Holzbohlenweg in den Wald hinein ab, der sich bald über den entfichteten, moorigen Hang windet. Informationstafeln an Aussichtsplattformen des Moorpfads (s. S. 82) weisen auf die Besonderheiten dieses geschützten Moorheidegebiets hin. Der Holzbohlenweg mündet nach 250 Metern auf einen querenden Waldweg.

(5) Auf diesen biegen Sie nach links ab; er führt Sie für 250 Meter in einem Bogen zurück, wo er auf einen querenden Weg einmündet und Punkt (4) in Sichtweite kommt.

(6) Sie biegen jedoch jetzt nach rechts ab und folgen dem Waldweg für 750 Meter bergan. Mit etwas Glück finden Sie hier am Wegesrand das Gefleckte Knabenkraut und den seltenen

Seltene Pflanze auf dem Heidenkopf: der Siebenstern

Über Moorpfad und Agrippastraße

DAS NATURSCHUTZGEBIET „WASSERDELL"

Wie der Name schon andeutet, ist dieses gut 25 Hektar große Naturschutzgebiet ein Feuchtgebiet – eine „Delle" in der Landschaft, in der sich Wasser ansammelt und die im Laufe der Zeit vermoort ist. An dieser Stelle, am Fuß eines Hangs, wurde der Moorbach zu einem Weiher aufgestaut; mehrere Quellaustritte aus dem Hang sorgen für ständigen Wassernachschub und halten die Vegetation feucht. Torfmoose konnten sich an diesem Hang ansiedeln und ein Heidemoor bilden. Da Moore lange Zeit als „unwertes Land" galten, wurde auch dieses Moor in der Vergangenheit mit Fichten zugepflanzt – seine Zerstörung wäre damit besiegelt gewesen. Doch in den letzten Jahren wurden die Fichten entfernt, und das Restbiotop wurde unter Naturschutz gestellt, sodass die dort heimische Pflanzen- und Tierwelt sich wieder ansiedeln kann. Seltene Arten wie Torfmoose, Glockenheide, Moorlilie und Faulbaum gehören zu ihnen. An den Heidenköpfen gibt es mehrere kleinere Moorgebiete. Sie sind die einzigen Biotope ihrer Art im gesamten Kreis Euskirchen und gehören ebenfalls zu Natura2000, dem Netz aus Schutzgebieten, in dem Europa sein Naturerbe bewahrt.

Seltene Moorpflanze im Naturschutzgebiet „Wasserdell": die Glockenheide

Siebenstern. Unterwegs passieren Sie einen Steinbruch, dessen abgelagerte Sande und rund geschliffene Kiesel ehemalige Flussablagerungen erkennen lassen. Der Weg mündet neben dem Heidenkopf I auf die Römerstraße. (Zur Erläuterung: Hier gibt es drei Erhebungen, die alle „Heidenkopf" heißen und knapp unter 600 Meter hoch sind. Der Name deutet auf die Beschaffenheit der Landschaft als Heide-Moorgebiet hin.)

(7) Sie biegen auf den übergeordneten Weg nach rechts ein und befinden sich jetzt auf der ehemaligen Römerstraße, die auf dem Kamm des Bergs zwischen den Heidenköpfen I und III verläuft (s. S. 81). Sie folgen dieser nahezu geraden Strecke nun für insgesamt zwei Kilometer, ungeachtet einmündender Wege. Nach einem Kilometer passieren Sie eine Ausgrabung und eine dokumentierende Tafel mit ausführlichen Erläuterungen zu der römischen Agrippastraße, die unter dem römischen Verwalter gleichen Namens erbaut wurde. Etwa einen Kilometer hinter der Ausgrabung mündet an einem Pilgerkreuz der Wanderweg D2 ein.

(8) 100 Meter weiter kommen Sie an einen Wegestern, an dem Sie dem D2 in Richtung „Dahlem" nach rechts folgen. Sie sollten es jedoch nicht versäumen, vorher noch einen Abstecher von 50 Metern geradeaus zum Vierherrenstein zu machen (s. S. 83). Anschließend folgen Sie dem D2 über zwei Kilometer durch Kiefern- und Eichenwald mit knorrigen, verwachsen Stämmen. Unterwegs passieren Sie an einer versetzten Wegekreuzung mit Picknickplatz das Feyens-Kreuz, das das Schicksal einer Dahlemer Familie von 1777 dokumentiert, die drei ihrer Sprösslinge im Kindesalter verlor. Ab hier wandelt sich der Waldweg zur Wirtschaftsstraße. Sie passie-

Wanderung zu den Eifel-Blicken MISSIONSKREUZ HEIDENKOPF und FRIEDHOF

ren den Wanderparkplatz „Heidenkopf" mit Rasthütte und kommen schließlich zum Missionskreuz, an dem sich der Eifel-Blick befindet und eine Ruhebank zur Rast lädt. Weit öffnet sich die Aussicht über Dahlem und das Kylltal bis in die Vulkaneifel. Sehr gut lässt sich von hier aus auch der nächste Eifel-Blick auf der jenseitigen Anhöhe erkennen, mit der Friedhofskapelle und einer Allee, die vom Friedhof hinunter nach Dahlem führt. Das Missionskreuz stammt aus dem 16. Jahrhundert und hatte seinen Platz ursprünglich an der Kirche, wurde jedoch 1921 hier aufgestellt und markiert den Wendepunkt der jährlichen Dahlemer Bittprozession.

(9) Vom Missionskreuz biegen Sie nach links auf einen untergeordneten Feldweg mit der Bezeichnung „D4" ab, der zunächst am Waldrand entlang und Sie schließlich ins Glaadtbachtal hinunter führt. Sie passieren hier die örtliche Kläranlage; bachabwärts erstreckt sich über circa 750 Meter Länge entlang dem Glaadtbach ein Teilbereich des knapp 72 Hektar großen Naturschutzgebiets „Glaadtbachtal" mit seinem naturnahen Bachlauf. Der Weg mündet auf eine Straße. Von dort können Sie einen Abstecher zur Oberen Mühle machen, die noch ein voll funktionstüchtiges Mühlenrad aus Eisen besitzt. Ein Teil der Mühlenmechanik ist in den 2000er Jahren von der Eifelvereins-Ortsgruppe Dahlem restauriert worden. Die Anlage war bis in die 60er Jahre des letzten Jahrhunderts in Betrieb.

(10) Auf die Straße biegen Sie nach rechts ein und überqueren die Bahnschienen.

(11) Unmittelbar hinter der Bahnlinie wechseln Sie halblinks auf den Feldweg und wandern geradeaus durch offene Wiesen und Brachen auf ein Neubaugebiet zu.

DIE AGRIPPASTRASSE

Diese historische Straße stammt aus der Römerzeit und wurde in den letzten Jahrzehnten vor der Zeitenwende unter der Verwaltung von M. Vipsanianus Agrippa erbaut. Von Köln, Wesseling und Bonn verlaufen historische Straßen aus dem Rheintal und vereinigen sich zwischen Marmagen und Dahlem. Diese Straßen sind in den letzen Jahren verstärkt untersucht worden, und die Ergebnisse werden seit 2008 in überregionalen Projekten für die Öffentlichkeit aufbereitet. Die Agrippastraße zwischen Köln und Trier war Teil einer Fernstraße von Lyon an den Rhein. Römer, Germanen und Kelten mussten über diese Strecke zwar wesentlich größere Entfernungen zurücklegen als über die Alpen, dafür aber war die Agrippastraße im Gegensatz zu den Alpenpässen nahezu das ganze Jahr über nutzbar.

Ausgrabung des Straßendamms der Agrippastraße auf dem Heidenkopf

Über Moorpfad und Agrippastraße

DER MOORPFAD

Der Moorpfad ist ein Themenwanderweg in der Eifel, der vom Vennvorland über das belgische Hohe Venn bis in die Hocheifel führt. Er verläuft nicht linear, sondern stellt ein Netz dar, das auch Rundwege bietet. Dieses Netz kann in großen Teilen mit dem Fahrrad befahren werden; eine Reihe von Wegen ist jedoch nur für Fußgänger zugelassen, zum Beispiel, wenn die Strecke über Holzbohlenwege verläuft. Der Moorpfad führt Sie zu zahlreichen Mooren und Feuchtgebieten von Eifel und Hohem Venn und stellt Ihnen die seltenen Lebensräume des Moors und ihre typischen Repräsentanten aus der Pflanzen- und Tierwelt vor. Am Naturschutz- und FFH-Gebiet „Wasserdell" führt er Sie über Bohlenwege gefahrlos (und barrierefrei) für Sie selbst und für die Pflanzenwelt durch das Biotop und liefert ihnen die wichtigsten Informationen zu diesem Lebensraum.

Geflecktes Knabenkraut am Moorpfad

Die „Wasserdell", der Stauteich am Moorgebiet

(12) Auf den querenden Feldweg biegen Sie nach links ab und folgen ihm, bis die erste Straße „Talblick" vom Neubauviertel her einmündet.

(13) Auf diese biegen Sie nach rechts ein und folgen ihr für 250 Meter durch den Ortsteil zur L 110. Diese überqueren Sie geradeaus und gelangen wieder in die offene Feldflur. Ungeachtet abzweigender Wege bleiben Sie auf der übergeordneten Straße und erreichen den Friedhof nach 300 Metern. Der Friedhof weist auch Soldatengräber auf und besitzt eine idyllische Kapelle mit einem Altar aus dem 15. Jahrhundert; ein Gang entlang der Friedhofsallee mit Fernblick in die Umgebung ist ein besinnliches Erlebnis. Am Ende können Sie den Friedhof über einen kleinen Nebenausgang verlassen.

(14) Wenn Sie nicht über den Friedhof wandern möchten, passieren Sie diesen und biegen direkt dahinter auf die Wirtschaftsstraße nach links ab. Dieser folgen Sie für circa 700 Meter geradeaus, bis der nächste Weg Sie nach links zum Eifel-Blick führt und Ihnen in südöstlicher Richtung eine beeindruckende Aussicht über die Gemeinde Dahlem und das Kylltal bis in die Vulkaneifel ermöglicht.

(15) Für den Rückweg wandern Sie zurück bis zum Anfang des Friedhofs. Dort wechseln Sie auf die Marienallee, ein wunderschöner Weg, beidseitig gesäumt von majestätischen Buchen und Linden, der Ihnen ebenfalls Fernblicke über das im Tal liegende Dahlem hinweg zurück auf den jenseitigen Heidenkopf mit dem Eifel-Blick am Missionskreuz bietet. Auch an diesem Wegesrand finden Sie erneut ein Wegekreuz der Familie Feyens, das an den Tod eines weiteren Kinds im Jahr 1783 erinnert. Sie passieren noch ein historisches Wegekreuz und folgen der Marienallee ungeachtet querender Straßen über insgesamt 600 Meter nach Dahlem hinein.

(16) Am Ende biegen Sie nach rechts in den Kapellenweg ein, um dann der Trierer Straße nach links in Richtung Kirche zu folgen. Vor der Kirche biegen Sie nach rechts in den Kantoreiweg ab, an dessen Ende lockt das Ortszentrum mit Einkehrmöglichkeiten. Auf die querende Schulstraße biegen Sie nach rechts ein und von dieser nach rechts in die Bahnstraße, der Sie ungeachtet abzweigender Straßen durch das Ortszentrum hindurch bis zur Bahnstation folgen.

Auf dieser Seite des Vierherrensteins ist die Inschrift der Herrschaft Kronenburg zu lesen.

DER VIERHERRENSTEIN

Dieser Grenzstein ist mehr als 500 Jahre alt und trennte die Herrschaften Blankenheim, Jünkerath, Kronenburg und Schmidtheim. Der Stein trägt allerdings nur die Wappen und Bezeichnungen (Anfangsbuchstaben) von drei Territorien, die von Blankenheim fehlen. In jedem Jahr wurden die Gemarkungsgrenzen von Schöffen begangen. An diesem Stein begann und endete die Begehung, wie ein Weisthum (urkundliche Aufzeichnung der geltenden Rechtsgewohnheiten) aus dem Jahr 1500 bezeugt.

Kalvarienberg
bei Blankenheim-Alendorf

Vom Kalvarienberg (517 Meter Höhe) bietet sich Ihnen ein Rundblick über die sanften Hügel der Dollendorfer Kalkmulde bis in die Vulkaneifel.

REGION 4

INFORMATIONEN

KALVARIENBERG BEI BLANKENHEIM-ALENDORF

ANFAHRT: 53945 Alendorf, Alendorfstraße (K 43); der Wanderparkplatz liegt vor dem Ortseingang von Alendorf. Aus Richtung „Ripsdorf" kommend befindet er sich auf der rechten Seite, vor dem Friedhof und der Agatha-Kapelle. Die Entfernung vom Wanderparkplatz bis zum Eifel-Blick beträgt circa 800 Meter. GPS-Koordinaten (WGS 84): N 50° 22.050' E 006° 38.500'.

ÖPNV: aus Richtung Köln oder Trier mit der Bahn bis Blankenheim-Wald, von dort mit der Buslinie 823 bis Blankenheim Busbahnhof, dann mit der Buslinie 333 bis Alendorf (Tel. 01804/15 15 15, mindestens 60 Minuten vor Abfahrt bestellen).

WANDERN: Wanderkarte 1:25.000 des Eifelvereins Nr. 12 „Blankenheim/Oberes Ahrtal". Der Eifel-Blick liegt am Eifelsteig an den örtlichen Wanderwegen 36 und 37, zudem in der Nähe vom Eifeler Quellenpfad und der örtlichen Wanderroute „Wo Bäche verschwinden". Ein Informationsfaltblatt zum Rundweg „Wo Hänge blühen" durch das Naturerlebnisgebiet „Oberes Ahrtal" ist beim Verkehrsbüro Blankenheim erhältlich (s. u.).

RADFAHREN: Der Eifel-Blick befindet sich in der Nähe der Eifel-Höhen-Route und des Ahrsagen-Radwegs.

WEITERE EIFEL-BLICKE IN DER UMGEBUNG: Lühbergstraße in Blankenheim (s. S. 58/59), Nonnenbacher Weg bei Blankenheim (s. S. 66/67), Hühnerberg bei Blankenheim-Lommersdorf (s. S. 68/69), Friedhof bei Dahlem (s. S. 74/75), Missionskreuz Heidenkopf bei Dahlem (s. S. 72/73).

INFORMATION: Verkehrsbüro Blankenheim, Ahrstraße 55-57, 53945 Blankenheim, Tel. 02449/872 22, Fax 02449/871 99, www.blankenheim.de

BLICKPUNKTE: Der Kalvarienberg gehört zu den Alendorfer Kalktriften, einem 650 Hektar großen Naturschutz- und Natura2000-Gebiet (s. S. 87). Im Norden liegt die ehemalige Pfarrkirche St. Agatha am Friedhof. Alendorf ist eine der ältesten Pfarreien der Gemeinde Blankenheim und wurde bereits im 13. Jahrhundert erstmals erwähnt. Rechts hinter der Kirche lugt die rundliche Kuppe des Strombergs (588 Meter Höhe) am Horizont hervor, der nördlichste der Eifelvulkane, aus der Zeit des Tertiärs. Rechts davon, im Nordosten, liegt der Ort Ripsdorf. Dort sind die spätgotische Pfarrkirche, alte Brunnenanlagen und das „Brothaus", ein Fachwerkensemble aus dem 17. Jahrhundert in der Tränkgasse, sehenswert. Rechts von Ripsdorf führt der Blick tief in die Dollendorfer Kalkmulde (s. S. 12), zu der die Alendorfer Kalktriften gehören.

Im Osten zeichnet sich die auffällig abgeflachte Kuppe des Arembergs am Horizont ab (s. Blickpunkte S. 70), ebenfalls ein tertiärer Vulkan, wie auch die Hohe Acht und die Nürburg, die südöstlich (rechts) davon liegen. Die Hohe Acht ist mit 747 Metern die höchste Erhebung der Eifel; die Nürburg (678 Meter, von der Rennstrecke Nürburgring umgeben) ist als winziger Kegel am Horizont im Südosten erkennbar. Im Mittelgrund verläuft das Lampertstal, das zum Natura2000-Gebiet der Alendorfer Kalktriften gehört.

Im Süden blicken Sie auf den benachbarten Hämmersberg, den zweiten von drei Bergen der Alendorfer Kalktriften. Rechts dahinter, im Südwesten, sehen Sie vor dem Horizont das ferne Kylltal. Rechts davon, im Westen, liegt der Eierberg, der dritte Berg der Alendorfer Kalktrifen. Das Dörfchen Alendorf zieht sich am Fuß des Kalvarienbergs entlang nach Norden.

DIE ALENDORFER KALKTRIFTEN

Bereits seit 1977 stehen die Alendorfer Kalktriften unter Naturschutz; 1984 wurden sie um das sich von dort nach Osten ausdehnende Lampertstal erweitert und zu einem 650 Hektar großen Gebiet zusammengefasst. Dieses Gebiet ist Teil eines regionalen Großprojekts „Ahr2000", das zwischen 1993 und 2005 durchgeführt wurde. Der darin etablierte Verbund aus verschiedenen Schutzgebieten umfasst das Tal der oberen 22 Kilometer der Ahr sowie ihre Nebentäler und wurde als FFH-Gebiet „Gewässersystem der Ahr" in einer Gesamtgröße von 2.542 Hektar nach Brüssel gemeldet. Im Gegensatz etwa zum Nationalpark Eifel werden jedoch in diesem Gebiet nicht nur Naturlandschaften, sondern überwiegend ökologisch wertvolle Kulturlandschaften geschützt. Mit dem Projekt „Ahr2000" wurden vielfältige Maßnahmen durchgeführt, über die in den Bächen, Uferbereichen, Talwiesen und auf den angrenzenden Hängen der Hügelkuppen mit ihren Wiesen und Wäldern Lebensräume wiederhergestellt oder optimiert wurden, die auch in Gegenwart und Zukunft fortgesetzt gepflegt und wissenschaftlich beobachtet werden. Große Teile des Gebiets gehören der Nordrhein-Westfalen-Stiftung, die Flächen für die Unterschutzstellung aufkauft und auf diese Weise Lebensraum für heimische Tier- und Pflanzenarten bereitstellt.
Die Alendorfer Kalktriften beherbergen nicht nur eine besonders artenreiche Pflanzenwelt mit zahlreichen gefährdeten Orchideenarten, Enzianen und weiteren botanischen Besonderheiten. Auch unter den an diesen Lebensraum angepassten Tieren, vor allem den Insekten, gibt es viele bedrohte Arten (s. S. 94). Einzelne Bäume oder Gebüsche dienen seltenen Vo-

Die Alendorfer Kalktriften sind schon aus der Ferne an ihren mediterran wirkenden Wacholdersträuchern zu erkennen.

Die Alendorfer Kalktriften

gelarten wie Baumpieper, Neuntöter oder der Dorngrasmücke als Ansitzwarten.

Eine besondere Maßnahme der Erhaltung dieser Kalkmagerrasen stellt die Beweidung mit Wanderschafen dar – die traditionelle Form der Bewirtschaftung. Aus diesem Grund werden die Gebiete auch als Trift-Weiden bezeichnet, das heißt, Weiden, über die man die Schafe trieb (Trift und treiben haben denselben Wortstamm). Man hat also dort keine Standweiden mithilfe eines Zauns eingerichtet, sondern Schäfer haben die Tiere stets nach kurzer Zeit des Aufenthalts weitergetrieben, damit sie auf dem mageren Boden an anderer Stelle genügend zu fressen fanden. Natürlich wurden die Triften nie gedüngt – außer durch den Kot, den die Schafe hinterließen. Doch war dieser Düngereintrag in das Ökosystem nie höher als die Stoffentnahme durch das Abfressen, und dadurch blieb der Standort über die Jahrhunderte mager.

Bei einer derartigen Behandlung der Weidefläche stellt sich eine bestimmte und sehr artenreiche Zusammensetzung von Gräsern und Kräutern ein. Diese ergibt sich einerseits über die ökologischen Ausgangsbedingungen: den Kalk im Boden und den damit einhergehenden basischen pH-Wert, die durch die Klüftigkeit des Untergrundgesteins verursachte Trockenheit des Bodens, die sommerlichen Hitzeextreme der Offenflächen an den Hängen und die Kälteextreme auf den Kuppen bei Wind im Winter. Andererseits wird das Artenspektrum der Pflanzen durch die Auswahl beeinflusst, die die Weidetiere beim Abfressen treffen. Weidetiere fressen nicht alles, was grün ist, sondern achten sehr genau darauf, was sie abbeißen. Einige Pflanzenarten haben es im Verlauf der Evolution „gelernt", sich gegen das Abgefressenwerden zu wehren. Dabei haben sie verschiedene Strategien entwickelt: einige besitzen zum Beispiel bittere oder schlecht schmeckende Aromastoffe, wie das Bittere Kreuzkraut, andere sind giftig, wie die Herbstzeitlose. Auch die mechanische Abwehr schützt sehr wirkungsvoll vor Weidegängern: Golddistel, Stengellose Kratzdistel oder Wacholdersträucher halten sich mit stechenden Blättern die Hungermäuler vom Leib. Pflanzen, die sich wehren können, werden also weniger oder gar nicht abgefressen, können Blüten und Früchte ausbilden und sind gegenüber nicht-wehrhaften Pflanzen im Vorteil, was ihre Vermehrung betrifft. Sie sind dadurch häufiger auf einer Weide vertreten (im Gegensatz etwa zu einer Mähwiese, auf der durch das Abmähen alle Pflanzen gleichmäßig benachteiligt werden). Je stärker eine Weide befressen wird, desto stärker vermehren sich die wehrhaften Pflanzen. Diese nennt man dann auch „Weideunkräuter". Im Umkehrschluss lässt sich folgern: Je größer die

Wanderschafe am Kalvarienberg

Bestände an Weideunkräutern, desto stärker wird eine Fläche beweidet, „überweidet". Auf einer stark überweideten Fläche finden sich fast nur noch Weideunkräuter. Man kann auf den Alendorfer Kalktriften durchaus auch den Wacholder als Weideunkraut bezeichnen; allerdings wird durch die wissenschaftliche Überwachung eine Überweidung verhindert. Bevor 1987 die Schafbeweidung wieder eingeführt wurde, hatten die Triften jahrzehntelang brach gelegen. Der Filz der jährlich absterbenden Gräser und Kräuter hatte sich dicht über den Boden gelegt und verhinderte für viele Pflanzen ein Durchkommen. Hätte man sie weiter vernachlässigt, hätten Sie sich im Laufe von Jahrzehnten und Jahrhunderten über ein Verbuschungsstadium in Wald zurückverwandelt. Die Wiedereinführung der Schafbeweidung als Maßnahme der Pflege auf den Kalktriften hat dazu beigetragen, das jahrhundertealte Artengleichgewicht in dieser Kulturlandschaft wiederherzustellen und dauerhaft zu erhalten. Dadurch wird uns ein historisches Bild von einer Landschaft vermittelt, wie sie vor der Intensivierung der Landwirtschaft typisch war. Die Intensivlandwirtschaft nahm in der zweiten Hälfte des 19. Jahrhunderts mit der Erfindung von Mineraldüngern ihren Anfang. Sie hat sich vor allem in der zweiten Hälfte des 20. Jahrhunderts fast flächendeckend etabliert und zur Artenverarmung geführt (s. S. 115–118). Im Gegensatz dazu existiert in der historischen Kulturlandschaft der Alendorfer Kalktriften und den anderen Flächen des Projekts „Ahr2000" ein großer Artenreichtum an Pflanzen und Tieren (eine hohe Biodiversität), der von außerordentlich großer Bedeutung für unsere heimische Landschaft ist.

Wehrt sich mit stacheligen Blatträndern und harten Blütenblättern erfolgreich gegen Weidegänger: die Golddistel

Über den Orchideenweg

Wanderung zum Eifel-Blick KALVARIENBERG

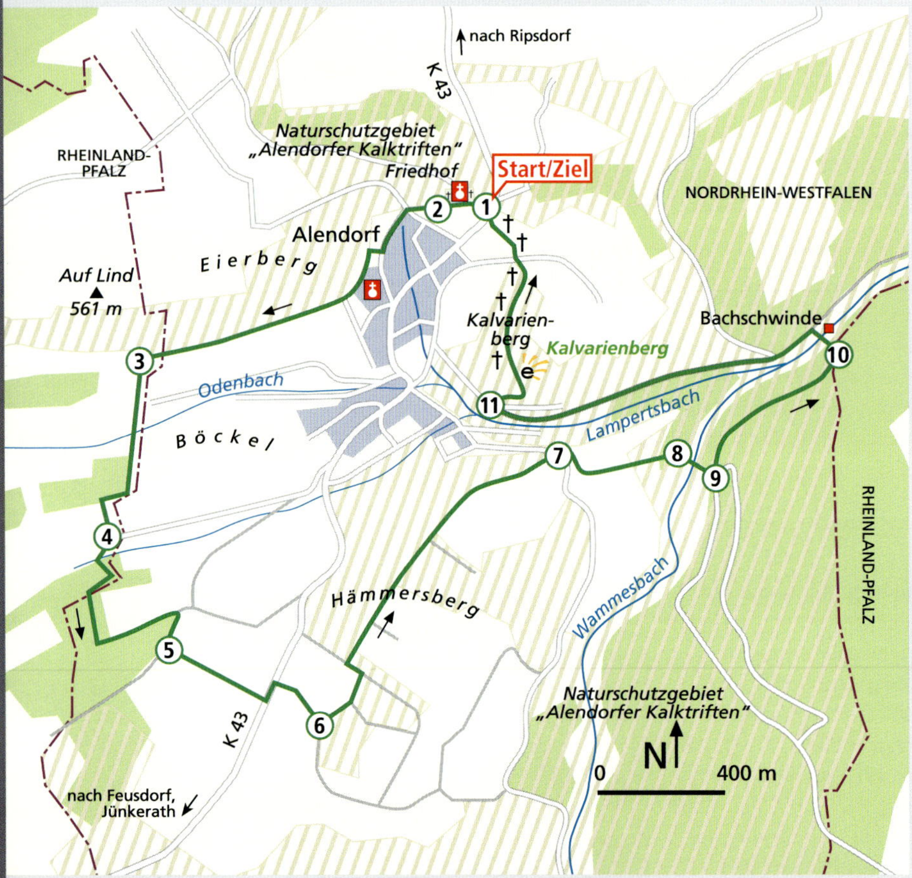

Länge: 7,5 km

Ausgangspunkt: Agatha-Kirche (Friedhof) am Ortseingang von Alendorf, 53945 Blankenheim Alendorf, Alendorfstraße

Anfahrt mit ÖPNV: aus Richtung Köln oder Trier mit der Bahn bis Blankenheim-Wald, von dort mit der Buslinie 823 bis Blankenheim Busbahnhof, dann mit der Buslinie 333 bis Alendorf (Tel 01804/15 15 15, mindestens 60 Minuten vor Abfahrt bestellen)

Parkmöglichkeiten: Parkplatz am Friedhof

Hinweise: Diese Wanderung folgt größtenteils dem ausgeschilderten Orchideenweg der Gemeinde Blankenheim durch das überregional bedeutende Naturschutz- und FFH-Gebiet „Alendorfer Kalktriften und Lampertstal". Die Info-Stationen des Lehrpfads erläutern einige Besonderheiten der Landschaft. Einkehrmöglichkeiten bietet der Naturbarort Ripsdorf.

Die Gemeinde Blankenheim feiert jährlich das Wacholderfest mit Führungen durch das Gebiet. www.wacholderfest.de

(1) Bereits an Ihrem Startpunkt unterhalb der Agatha-Kirche haben Sie einen schönen Ausblick auf die Kalktriften rund um das Dörfchen Alendorf, die sich durch ihre auffälligen Wacholderbestände auszeichnen. Die Agatha-Kirche im Rücken, schauen Sie auf die Wacholderhänge des Kalvarienbergs (523 Meter), des Hügels gegenüber mit dem gleichnamigen Eifel-Blick. Das lateinische Wort „calvariae" bedeutete „Schädelstätte" und bezeichnet den Hinrichtungsort des christlichen Gottessohns vor der Stadt Jerusalem. Die Agatha-Kirche ist die ehemalige Pfarrkirche von Alendorf; von hier aus ließ Graf Salentin Ernst von Blankenheim zwischen 1663 und 1680 zunächst sieben Bildstöcke zum Gipfel des Bergs hin errichten. Es entstand also ein Kreuzweg, an dessen Stationen die Gläubigen in Prozessionen betend entlang schritten (der Brauch ist hier bis heute erhalten). In katholisch geprägten Regionen entstanden in der Barockzeit zahlreiche derartige Kalvarienberge. Im 19. Jahrhundert wurden die Bildstöcke auf die heute üblichen 14 Stationen erweitert. Die Besteigung des Gipfels mit dem Eifel-Blick bildet den Abschluss Ihrer Wanderung, vom Gipfelkreuz führt Sie der Weg an den Bildstöcken aus rotem Sandstein vorbei abwärts.

Rechts hinter dem Kalvarienberg liegt der Hämmersberg (524 Meter), während sich rechter Hand der Eierberg (542 Meter) mit seinen Wacholderhängen erhebt. Die Alendorfer Kalktriften bestehen also im Wesentlichen aus diesen drei separaten Gebieten, die den Ort umgeben. Der etwas merkwürdige Name des letzteren Bergs ist auf das Vorkommen der Küchenschelle (s. Bild S. 10) in diesem Naturschutzgebiet zurückzuführen. Ihre violetten Blütenblätter wurden in früheren Zeiten zum Färben von Ostereiern verwendet; durch ihr häufiges Vorkommen auf dem Kalkboden wurde der ganze

Bildstock am Wegesrand am Aufstieg zum Kalvarienberg

Berg nach dieser Tradition benannt. Küchenschellen werden im Eifeler Dialekt auch „Hutschääsch" genannt, „Hockärsche", weil die Pflanzen Anfang April zunächst niedrig zwischen den Gräsern sitzen und wegen der silbernen Behaarung ihrer Blätter auffallen. Erst, wenn die Blüten bestäubt sind, die Blütenblätter abgeworfen und Ende Mai/Anfang Juni die fiedrig behaarten Fruchtstände gebildet werden, wächst der Spross höher, bis circa 25 Zentimeter.

Sie können sich vor Beginn Ihrer Wanderung auf Tafeln am Parkplatz über Ihre unmittelbare Umgebung und über den Orchideenweg informieren. Zunächst wenden Sie sich zur Kirche und durchschreiten das Eisentor zum Kirchengelände. Aufgrund ihrer Abgelegenheit ist die Agatha-Kirche verschlossen; im Inneren besitzt sie eine spätgotische Halle mit Netzgewölbe, zwei Jochen und einem Chorjoch. Der Turm im Westen hat vier Geschosse sowie ein Rhombendach. Die Kirche wurde 1494 – zusätzlich zu der bereits bestehenden

Über den Orchideenweg

DIE FLIEGENRAGWURZ

Die Fliegenragwurz ist eine sehr zierliche Orchideenart, die Sie leicht übersehen können. Hier auf den mageren Alendorfer Kalktriften wird sie meist nur zwischen 15 und 25 Zentimeter hoch. Etwa zwei bis sechs dunkelbraune Blüten sitzen an den unverzweigten Stängeln. Die Blüten zeigen einen asymmetrischen Aufbau: Während die beiden oberen Kronblätter sich im Verlauf der Evolution zu zwei kurzen, fadenartigen Gebilden reduziert haben, ist die Unterlippe groß und überdeutlich ausgeprägt, zudem gelappt und mit einem auffälligen blauen Fleck versehen, dessen Farbintensität mit zunehmendem Alter der Blüte nachlässt. Auf den ersten Blick wirkt diese Blüte, als bestünde sie nur aus dieser Unterlippe, die wie ein kleines Männchen am Stängel hängt.

Die starke Asymmetrie hat ihren Grund: Die Unterlippe dient als Landebahn für Insekten. Allerdings ist die Fliegenragwurz eine Täuschblume. Üblicherweise haben die höheren Pflanzen und die Insekten ein Abkommen: Das Insekt erhält aus den Nektardrüsen etwas zu fressen, dafür übernimmt es einen Transportauftrag – es trägt die Pollen einer Pflanze zur Narbe einer anderen. Doch die Fliegenragwurz bricht diesen Pakt und bietet nichts zu fressen: Sie besitzt keine Nektardrüsen. Dennoch kommen Insekten – insbesondere die Männchen der Grabwespenart Gorytes mystaceus. Für sie ist die Unterlippe der Blüte nicht nur Landebahn, sondern auch sexuelle Attrappe. Durch Aussehen und Haptik der Oberfläche getäuscht, versuchen die Insekten, die Unterlippe zu begatten – und erhalten dabei von der Blüte ein Pollenpaket auf die Stirn geklebt. Die Pflanze bietet also nicht Futter gegen Transportdienste, sondern – Sex.

Fliegenragwurz

Ortskirche – gestiftet und einige Jahre später gebaut. Erweiterungsbauten stammen aus dem 18. Jahrhundert. Sie wenden sich hinter dem Kirchhoftor nach links, passieren die Kirche und verlassen den Kirchhof am Ende durch das Ausgangstürchen gegenüber dem Haupteingang im Turm. Der abwärts führende Fußpfad bringt Sie über einige Stiegen zu einem Feldweg.

(2) Auf den Feldweg biegen Sie nach rechts ein und folgen ihm für 250 Meter an einer Obstwiese vorbei auf den Eierberg zu. An der Kreuzung queren Sie die Quellenstraße und halten sich geradeaus. Rechtsseitig ist als halber Trichter im Berg ein stillgelegter Steinbruch erkennbar, in dem lokal Kalkstein abgebaut wurde. Sie passieren die letzten Häuser von Alendorf und folgen dem ausgeschilderten Orchideenweg nach einem kleinen rechts-links-Schwenk schnurgerade am Fuß des Eierbergs entlang. Dabei haben Sie einen schönen Blick auf den Hang; hier blüht ab Ende April das violette Mannsknabenkraut (s. Bild S. 97), Ende Mai sehen Sie Grüne Hohlzunge, Zweiblatt, Waldhyazinthe (s. Bild S. 99) und Fliegenragwurz (s. Bild S. 92), ab Juni gesellt sich die Mückenhändelwurz hinzu. Doch neben den Orchideen kommen auch andere seltene Pflanzen vor, die nur auf ungedüngten Kalkstandorten wachsen, wie die Gemeine Kugelblume oder, im September, der Fransen- und der Deutsche Enzian (s. Bild S. 96).

(3) Nach knapp einem Kilometer knickt der Orchideenweg nach links ab und quert die Talaue des Odenbachs, der einen von mehreren Quellbächen des Lampertsbachs bildet. Auf der Talsohle liegt inmitten der Naturschutzgebiete Intensivackerland, das von dem begradigten, grabenartigen Bach

„Damenbrett"-Falter auf der Mückenhändelwurz, einer Orchidee, die im Juni blüht

Über den Orchideenweg

DIE ZWEIFARBIGE MAUERBIENE

Wenn wir das Wort „Biene" hören, denken wir meist an die Honigbiene – eine staatenbildende Art, die bei uns nicht wildlebend, sondern nur als „Haustier" vorkommt. Sie ist die einzige staatenbildende Bienenart in Mitteleuropa. Im Gegensatz dazu gibt es allein im deutschsprachigen Raum Europas über 700 Arten wildlebender Solitärbienen, das heißt, Bienenarten, die keine Staaten bilden.

Das grundlegende Funktionsprinzip bei staatenbildenden Arten ist die Arbeitsteilung bei den weiblichen Tieren: Die Königin legt Eier, während die unfruchtbaren Arbeiterinnen den Nachwuchs ihrer Königin versorgen und das Nest verteidigen. Die Funktion der Männchen ist auf die Begattung der Königin beschränkt. Bei den Solitärbienen hingegen gibt es nur Vollweibchen, die sowohl Eier legen als auch die Versorgung und Verteidigung übernehmen, sowie Männchen.

Auch die zweifarbige Mauerbiene (Osmia bicolor) ist eine Solitärbiene. Sie ist auf Kalkgebiete spezialisiert, da nur dort Gehäuseschnecken leben, in deren leere Gehäuse sie ihre Nester

Die zweifarbige Mauerbiene ist vorne schwarzbraun; der Hinterleib und die Beine sind in Teilen rostfarben.

Die Biene verlässt das Nest, um Nektar und Pollen einzutragen.

Aufpräpariertes Nest mit zwei orangefarbenen Futterkuchen, vorne ist das Ei in der Weibchen-Zelle sichtbar.

Die männliche Bienenlarve in der kleineren Zelle am Ende des Gewindes.

Die Mauerbiene transportiert eine Kiefernnadel herbei.

baut. Zudem kommt sie auch nur an besonders wärmebegünstigten Stellen vor. Man sieht die Weibchen im April, Mai und Juni im niedrigen Suchflug zwischen den Gräsern Ausschau nach leeren Schneckenhäusern halten. Dabei werden nur die Häuser der Bänderschnecken genommen, weil sie genau die passende Größe haben. Hat die Biene ein leeres Schneckenhaus gefunden, wird es zunächst „tapeziert". Dabei fliegt die Biene zu einer Pflanze, schabt von den Blättern grüne Schichten ab, vermischt das Pflanzenmaterial mit Speichel und setzt aus diesem „Pflanzenmörtel" grüne Punkte an die Außenwand des Hauses. Sie können diese auf Seite 94 im Bild ganz links unten an der unteren Hälfte des Schneckenhauses sehen. Warum die Biene dies tut, ist nicht vollständig erforscht. Wahrscheinlich ist es eine Geruchsmarkierung, mit der sie ihren Besitz kennzeichnet. Die Schneckenhäuser an den wärmebegünstigten Stellen sind hart umkämpft, und die Bienen jagen sie sich gelegentlich gegenseitig ab – wobei eine neue Besitzerin als erste Maßnahme neue Mörtelmarken über die alten der Vorgängerin setzt.

Das Einrichten eines Nests dauert – je nach Witterungsbedingungen – einen oder mehrere Tage. Die Zweifarbige Mauerbiene übernachtet zwischenzeitlich auch in dem Haus. Zunächst aber beginnt die Biene, das Haus gründlich zu reinigen. Erdkrumen, Steinchen oder Pflanzenreste, die sich angesammelt haben, werden hinausbefördert. Dann fängt die Biene an, Nektar und Pollen zu sammeln, und baut daraus am inneren Ende des Gangs einen Futterkuchen, auf den sie ein Ei legt (s. zweites Bild S. 94 links unten). In einiger Entfernung dazu verschließt sie die Zelle mit einer Zwischenwand aus Pflanzenmörtel, Steinchen und Erde, dann richtet sie in gleicher Weise eine zweite Zelle ein und verschließt das Schneckenhaus mit einem dicken Pfropfen. Ist das Nest fertig, wendet die Biene das Schneckenhaus so, dass die verschlossene Öffnung zur Erde zeigt. Dabei stemmt sie sich mit aller Kraft aus verschiedenen Richtungen vom Boden dagegen, bis es schließlich in die richtige Position gerollt und geschoben ist. Doch das Nest ist noch nicht fertig – es erhält noch eine Tarnkappe. Um das Schneckenhaus optisch aus der Landschaft verschwinden zu lassen, häuft die Zweifarbige Mauerbiene nun Kiefernnadeln zeltförmig darüber auf. Wie bei einem Ritt auf dem Besen schiebt sich die Biene auf diesen verhältnismäßig großen Pflanzenteilen durch die Luft (s. Bild S. 94 ganz rechts unten). Eine Biene kann in ihrer kurzen Lebensperiode von vier bis sechs Wochen höchstens fünf bis sechs solcher Schneckenhäuser füllen. Dabei wird in dem inneren, engeren Gewindeteil jeweils ein Ei gelegt, aus dem sich ein kleineres Männchen entwickelt, während die größere äußere Zelle für die massigeren Weibchen bestimmt ist. Eine Zweifarbige Mauerbiene produziert also etwa nur zehn bis zwölf Nachkommen – was erstaunlich, aber für den Arterhalt offensichtlich ausreichend ist. Die Bienenlarven im Schneckenhaus entwickeln sich im Verlauf des Sommers und Herbstes. Sie überwintern in dem Schneckenhaus und graben sich im Frühjahr einen Ausgang, um dann ihren Lebenszyklus erneut in Gang zu setzen.

Das Schneckenhaus ist unter einem Tarnzelt aus Kiefernnadeln verschwunden.

Über den Orchideenweg

durchschnitten wird. Von hier unten haben Sie einen beeindruckenden Rundblick auf die umliegenden Kalktriften an Eier-, Hämmers- und Kalvarienberg mit ihren auffälligen Wacholderbeständen. Nicht weit entfernt gehen die Wacholderbestände des Eierbergs in Wald über; dort befindet sich die Landesgrenze zwischen Rheinland-Pfalz und Nordrhein-Westfalen, und es wird erkennbar, wie unterschiedlich Landschaft in der Vergangenheit in verschiedenen Verwaltungseinheiten behandelt wurde.

Wenn der Hauptweg hinter der Talaue nach links abbiegt, wechseln Sie geradeaus auf den untergeordneten Weg, weiter bergan, den „Böckel" hinauf. Er führt Sie nach 500 Metern zum Hof des Wanderschäfers, dessen Herden die Kalktriften beweiden. Auf der Kuppe knickt der Weg vor einer Viehweide nach rechts ab; links, aus Richtung des Hofs, ertönen das Gebell der Hütehunde und das Blöken der Schafe - sofern diese nicht gerade unterwegs auf den Triften sind. Sie umrunden die Weide in einer Linkskehre über 250 Meter bis etwa zur Hälfte.

(4) Diagonal gegenüber verlassen Sie nun diesen Umrundungsweg und biegen nach rechts hangabwärts in das nächste Bachtal ab. Nach 100 Metern queren Sie einen weiteren, namenlosen Bach, und dahinter führt Sie der Orchideenweg nach links, dann kurvenreich über 750 Meter mehr oder weniger am Waldrand entlang und den Hang hinauf bis zur nächsten Kuppe - nicht, ohne Sie über die Lebewelt von extensiv bewirtschaftetem Grünland zu informieren: Ampferfeuerfalter, Braunfleckiger Perlmutterfalter, Blauschillernder Feuerfalter und Wiesenpieper bevölkern als typische Be-

Der Deutsche Enzian, eine violett blühende Enzianart auf den Triften

wohner die örtlichen Offenflächen. Nahe der Kuppe knickt der Orchideenweg vor dem Waldrand nach links ab, und Sie wandern am Kamm des Hügels und an hohen Buchen entlang, nach links hin wieder mit wunderschönem Ausblick auf die Wacholderhänge der Kalktriften. Am Ende des Waldrands knickt der Orchideenweg in spitzem Winkel nach rechts ab und umrundet eine Waldzunge auf der Kuppe.

(5) Nach 100 Metern biegt der Orchideenweg nach links ab; Sie durchqueren die Hangwiesen und kommen nach 300 Metern zur K 43. Dieser folgen Sie für 50 Meter nach links, um gleich wieder nach rechts auf eine Feldstraße einzubiegen. Von links her schiebt sich nun der Hämmersberg ins Blickfeld. Nach 250 Metern kommen Sie an einen Abzweig.

(6) Auf diesen biegen Sie nach links ein (Wanderweg 38) und wählen damit eine Abkürzung des Orchideenwegs, die Sie nach 250 Metern und einem kleinen Wegzacken zur Oberkante des Hämmersberghangs führt; auch dieser Wegabschnitt bietet Ihnen schöne Ausblicke den Hang hinab über Alendorf und die benachbarten Triften. Ab Mitte April leuchten hier die Primeln in Gelb und das Mannsknabenkraut in Purpurviolett, Ende Mai blühen Waldhyazinthe und Zweiblatt, Hohlzunge und Helmknabenkraut. Ein Picknickplatz lädt zur Rast in paradiesischer Umgebung. Der Weg führt Sie nach einem Kilometer am jenseitigen Ende des Hangs abwärts nach Alendorf auf die Wiesbaumer Straße.

(7) Sie sollten an dieser Stelle nicht den kürzesten Weg zurück wählen, sondern sich einen Schlenker durch das Lampertstal gönnen. Denn dort können Sie eine Bachschwinde sehen – eine typische Verkarstungserscheinung (s. S. 98). Sie

Das purpurviolette Mannsknabenkraut

Über den Orchideenweg

Schluckloch im Lampertsbach: Rechts ist das Bachbett noch steinig und dicht, in der sandigen Bildmitte versackt das Wasser im Untergrund.

VERKARSTUNGSERSCHEINUNGEN

„Verkarstungserscheinungen" nennt man eine Reihe geologischer Phänomene, die darauf zurückzuführen sind, dass sich der Kalk im Untergrundgestein relativ leicht in Wasser löst – insbesondere dann, wenn es durch die CO_2-Abscheidungen von Pflanzenwurzeln im Boden etwas angesäuert ist. Dadurch bilden sich im Gesteinsuntergrund der Kalkeifel sehr viel mehr und größere Klüfte als zum Beispiel in den kompakten Schiefergesteinen der Nationalpark-Region.
Die ausgeprägte Klüftigkeit des Kalkbodens hat zur Folge, dass Niederschlagswasser durch die großen Hohlräume schnell von der Oberfläche abfließt und dann den Pflanzen nicht mehr zur Verfügung steht – im Gegensatz zu einer kompakten Gesteinsschicht, die eine stärker stauende Wirkung hat, weshalb Niederschlagswasser im darüberliegenden Boden sehr viel länger gespeichert werden kann. Ein Kalkgebiet ist also durch häufigere Trockenphasen geprägt, und die dort vorkommende Pflanzen- und Tierwelt ist daran angepasst.
Eine der Folgen dieser Klüftigkeit sind Schlucklöcher in Bächen oder Seen. Teilmengen oder das gesamte Wasser versackt plötzlich aus einem Bachbett in größere Klüfte des Untergrunds und tritt weiter unten (oder auch an ganz anderer Stelle) wieder zutage. Der Bach fällt dann trocken. Quellen in Kalkgebieten sind aus denselben Gründen sehr viel stärker „schüttend" – wie Geologen sagen –, das heißt, sie liefern durch die umfangreichen Hohlräume, in denen das Wasser zusammenfließt, größere Mengen Wasser an die Erdoberfläche als die tröpfelnden Rinnsale etwa in Schiefergebieten. Das können Sie in der Ortsmitte von Blankenheim, wo die Ahr unter einem Haus entspringt, unmittelbar nachvollziehen.
Eine andere Verkarstungserscheinung sind Höhlen. Sie kommen sehr viel häufiger in Kalkgestein vor als in den kompakten Gesteinen wie etwa im Monschauer Land. Höhlen sind eigene Lebensräume mit besonderer Tierwelt (s. Blickpunkte S. 38).
Weiterhin gibt es in der Kalkeifel auch Dolinen. Dies sind kleinere oder größere, meist kreisrunde, kraterförmige Einbrüche der unterirdischen Hohlräume an der Erdoberfläche, die als kleinere oder größere Trichter in der Landschaft in Erscheinung treten.

queren die Wiesbaumer Straße und folgen der Ausschilderung in Richtung des Zeltplatzes.

(8) Nach 500 Metern biegen Sie entsprechend der Beschilderung „Bachschwinde" nach rechts ab und überqueren den Wammesbach, einen weiteren Quellbach des Lampertsbachs.

(9) An diesem wandern Sie nun 500 Meter entlang bis zu einer kleinen Brücke. Wenn Sie auf der Brücke stehen und bachabwärts schauen, liegt die Bachschwinde circa ein bis zwei Meter hinter der Brücke. Wenn Sie im Sommer bei Niedrigwasser hier sind, verschwindet das gesamte Wasser im Schluckloch, und der Bach fällt komplett trocken, in niederschlagsreichen Zeiten passiert dies jedoch nur zum Teil, und bei Hochwasser ist das Schluckloch kaum wahrnehmbar.

(10) Sie queren die Brücke und die Talaue des Lampertsbachs. Nach 100 Metern, an einem querenden Weg, erläutert eine Tafel noch einmal anschaulich die Details zur Bachschwinde. Sie biegen nach links ein und folgen dem Weg durch das Lampertstal nun für 1,25 Kilometer bis zum Ortsrand von Alendorf am Fuß des Kalvarienbergs entlang.

(11) An einer Gruppe aus Picknicktischen biegen Sie in spitzem Winkel nach rechts ein und beginnen mit dem Aufstieg auf den Kalvarienberg. Der 500 Meter lange Fußpfad schlängelt sich steil nach oben durch die Wacholdergebüsche zum Gipfel. Der hier befindliche Eifel-Blick bietet eine grandiose Rundum-Fernsicht über die Kuppen der Eifel und insbesondere noch einmal über die nahe gelegenen Kalktriften. Von hier aus folgen Sie dem Kreuzweg über die gegenüberliegende Bergseite hangabwärts zurück zum Parkplatz an der Agatha-Kirche.

Blütenstand der Waldhyazinthe, die ebenfalls zu den Orchideen gehört

Dieser Standort auf dem Duppacher Rücken (612 Meter Höhe) bietet einen imposanten Fernblick über das Kylltal und die Hillesheimer Kalkmulde bis weit in Ahr- und Vulkaneifel.

Am Apert
bei Prüm-Büdesheim

Dieser Eifel-Blick am Hang des Aperts bei Büdesheim liegt etwa 600 Meter hoch und bietet einen Blick in die Prümer Kalkmulde und die Hocheifel.

REGION 4

INFORMATIONEN
AUF HEILERT BEI GEROLSTEIN-DUPPACH

ANFAHRT: 54597 Duppach. Ab Ortsmitte folgen Sie der Beschilderung „Eifel-Blick" über die Maifeldstraße in die offene Feldflur. GPS-Koordinaten (WGS 84): N 50° 15.386' E 006° 32.079'

ÖPNV: aus Richtung Köln oder Trier mit der Bahn bis Gerolstein, weiter mit dem Taxi (Halteplatz am Bahnhof), da Buslinien nur sporadisch verkehren

WANDERN: Wanderkarte 1:25.000 des Eifelvereins Nr. 17 „Prümer Land". Der Eifel-Blick liegt am örtlichen Wanderweg SA2. In der Nähe verlaufen der Vulkanpfad (Partnerweg zum Eifelsteig) und der GEO-Rundweg „Maare, Vulkane und Dreese rund um Steffeln und Duppach".

RADFAHREN: Der Eifel-Blick befindet sich in der Nähe des Eifel-Ardennen-Radwegs.

WEITERE EIFEL-BLICKE IN DER UMGEBUNG: Am Apert bei Prüm-Büdesheim (s. S. 102/103), Katzenkopf bei Prüm-Gondenbrett (s. S. 106/107)

INFORMATION: Tourist-Information Gerolsteiner Land, Brunnenstraße 10, 54568 Gerolstein, Tel. 06591/949 91-0, Fax 06591/949 91-19, www.gerolsteiner-land.eu

BLICKPUNKTE: Von diesem Eifel-Blick haben Sie einen Sichtwinkel von Norden (links) über Osten nach Südosten (rechts). Wenn Sie das Panoramabild auf Seite 100/101 mit einer hypothetischen Uhrenskala von 9:00-15:00 Uhr hinterlegen, sehen Sie im Norden (links) bei etwa 9:00 Uhr am Horizont den Michelsberg, ein 588 Meter hoher Vulkan im Raum Bad Münstereifel mit gleichnamigem Eifel-Blick (s. S. 30/31). Rechts daneben zeichnet sich der Stromberg (588 Meter) ab, der nördlichste Vulkan des Westeifeler Vulkanfelds der Tertiärzeit. Er liegt bei Ripsdorf in der Gemeinde Blankenheim in der Kalkeifel, nahe der Ortschaft Wiesbaum, die bei 9:30 Uhr zu sehen ist. Bei etwa 10:00 Uhr erhebt sich der Aremberg im Nordosten, ein mächtiger tertiärer Vulkan im Gebiet der Verbandsgemeinde Adenau, auf dessen Gipfel (632 Meter) sich die Ruine einer Höhenburg aus dem 12. Jahrhundert befindet; am Hang des Vulkans liegt die Ortschaft Aremberg.

Bei etwa 11:00 Uhr ist der Fernsehsender Ahrweiler zu sehen, der auf dem Schöneberg steht, einem Nebengipfel der Hohen Acht, nahe der Ortschaft Heckenbach-Cassel. Bei 11:30 Uhr sehen Sie die Hohe Acht (747 Meter), die höchste Erhebung der Eifel, bei der es sich ebenfalls um einen Vulkan aus der Tertiärzeit handelt – der Kegel besteht aus Gesteinen des Unterdevons, die Kuppe aus Basalt. Auch die im Osten, bei 12:00 Uhr, gelegene Nürburg (678 Meter) mit gleichnamiger Burg gehört zu diesem Vulkanfeld und wird von der Rennstrecke „Nürburgring" umgeben.

Bei 13:00 Uhr zeichnet sich der Döhmberg, ein 653 Meter hoher Vulkan, am Horizont ab. Die charakteristische Erhebung gehört zum Naturschutzgebiet „Dreiser Weiher", eine trockene Vertiefung beziehungsweise ein maarförmiger, wasserfreier Einbruchtrichter, der durch vulkanische Aktivität in der Quartärzeit entstand; 233 Hektar seiner Fläche stehen seit 1986 unter Naturschutz. Bei etwa 13:45 Uhr ist der Ernstberg zu sehen, auch ein Vulkan und mit 699 Metern der zweithöchste Berg der Eifel. Weithin erkennbar ist bei 14:00 Uhr der 302 Meter hohe Sender „Eifel" des SWR, der auf dem 691 Meter hohen Vulkankegel Scharteberg steht. Bei 14:30 Uhr zeigt sich der Schlackenkegel des Nerother Kopfs (647 Meter) westlich von Daun (s. Blickpunkte S. 148). Rechts davon, im Südosten, zieht sich der Salmwald am Horizont entlang, ein großes zusammenhängendes Waldgebiet zwischen den Flüssen Kyll und Salm.

INFORMATIONEN
AM APERT BEI PRÜM-BÜDESHEIM

Anfahrt: 54610 Büdesheim, Hillesheimer Straße (L 10). Folgen Sie der Hillesheimer Straße (L 10) in Richtung „Hillesheim" bis zum Wanderparkplatz Nr. 17 der Verbandsgemeinde Prüm, von dort ist ein Fußweg zum Eifel-Blick ausgeschildert (Strecke circa 2,5 Kilometer). GPS-Koordinaten (WGS 84): N 50° 12.08' E 6° 33.18'

ÖPNV: aus Richtung Köln oder Trier mit der Bahn bis Gerolstein, von dort mit Buslinie 411 bis Ortsmitte Büdesheim, dann zu Fuß über die Hauptstraße in die Hillesheimerstraße

Barrierefrei: Der Eifel-Blick ist über die Pilgerstraße, vorbei an der Pilgerkapelle, dann über sich fortsetzende Wirtschaftsstraßen in Richtung „Weißes Kreuz" anfahrbar.

Wandern: Wanderkarte 1:25.000 des Eifelvereins Nr. 17 „Prümer Land". Der Eifel-Blick liegt an der Prümer-Land-Tour Nr. 3 (östliche Kalkmulde) und am Gebietswanderweg Prümer Land Nr. 28.

Weitere Eifel-Blicke in der Umgebung: Katzenkopf bei Prüm-Gondenbrett (s. S. 106/107), Wanderparkplatz bei Prüm-Oberlauch (s. S. 108/109), Auf Heilert bei Gerolstein (s. S. 100/102).

Information: Tourist-Information Prümer Land, Hahnplatz 1, 54595 Prüm, Tel. 06551/505, Fax 06551/7640, www.pruem.de

Blickpunkte: In einem Sichtwinkel von Südwesten (links) über Norden nach Nordosten (rechts) haben Sie einen eindrucksvollen Blick über die Prümer Kalkmulde in die Hocheifel.

Wenn Sie das Panoramabild auf Seite 102/103 mit einer hypothetischen Uhrenskala von 9:00-15:00 Uhr hinterlegen, sehen Sie bei 9:00 Uhr, im äußersten Südwesten, am Horizont sowohl die Höhenzüge des Isleks im Grenzgebiet zwischen Deutschland, Belgien und Luxemburg als auch die der Schneifel. Im Mittelgrund trennt das Tal der Schönecker Schweiz den Vordergrund ab, ein 865 Hektar umfassendes Gebiet, das 1991 unter Naturschutz gestellt wurde und heute ebenfalls zu Natura2000 gehört, dem Netz aus Schutzgebieten, in dem die europäischen Staaten ihr Naturerbe bewahren. Das Gebiet befindet sich in der Prümer Kalkmulde und schützt Buchenwälder sowie Magerrasen und Wacholderheiden auf Kalkboden (s. S. 112). Die erkennbaren Windkraftanlagen liegen bei Hollnich und Heckhuscheid.

Bei etwa 9:30 Uhr sehen Sie den Ort Wallersheim bei Prüm, bei etwa 10:00 Uhr lässt sich im Westen der Sendeturm auf dem Schwarzen Mann, mit 697 Metern die höchste Erhebung des Naturparks Nordeifel und der Schneifel (s. S. 149 und 156), am Horizont ausmachen. Bei etwa 10:30 Uhr liegt Weinsheim, bei etwa 11:30 Uhr Gondelsheim.

Der Duppacher Rücken zieht sich als dunkel bewaldeter Bergrücken über den Horizont der rechten Bildhälfte. Bei etwa 13:30 Uhr befindet sich Büdesheim, die Pfarrkirche St. Peter und Paul gehört zu den ältesten Kirchen des Prümer Lands. Bei etwa 14:30 Uhr sehen Sie Oos, einen Ort, der zu Gerolstein gehört. Rechts davon, bei 15:00 Uhr, erhebt sich die Ooser Nase als dunkelgrüner Buntsandsteinrücken im Nordosten, und dahinter zeichnet sich die abgeflachte Kuppe des Arembergs am Horizont ab. Da der Untergrund im Gebiet am Apert aus Buntsandstein besteht, tritt Niederschlagswasser, das durch den klüftigen Buntsandstein läuft, an der Grenze zu unterdevonischen Gesteinsschichten in Form zahlreicher Quellen zutage.

Dieser Eifel-Blick befindet sich auf einer Plattform, die auf einem gesprengten Westwallbunker errichtet wurde (540 Meter Höhe).

Wanderparkplatz bei Prüm-Oberlauch

Dieser Eifel-Blick liegt am Wanderparkplatz Nr. 23 bei Prüm-Oberlauch auf einer Höhe von 563 Metern.

INFORMATIONEN
KATZENKOPF BEI PRÜM-GONDENBRETT

ANFAHRT: 54595 Prüm, Ortsteil Tafel, Gondenbretter Weg. Am Ortausgang folgen Sie links der K 180 in Richtung „Gondenbrett", dann der Beschilderung zum Eifel-Blick. GPS-Koordinaten (WGS 84): N 50° 22.38' E 6° 41.16'

ÖPNV: aus Richtung Köln oder Trier mit der Bahn bis Gerolstein, von dort Buslinie 411 bis Prüm, dann Buslinien 416/417 bis Gondenbrett/Ortsteil Tafel (Buslinien verkehren nur sporadisch).

WANDERN: Wanderkarte 1:25.000 des Eifelvereins Nr. 17 „Prümer Land". Der Eifel-Blick liegt unmittelbar am Willibrordusweg (HWW 5) und am Jakobspilgerweg sowie in Nähe vom „Panoramaweg 120 - Rund um Prüm".

RADFAHREN: Die Entfernung zum Prümtal-Radweg beträgt circa zwei Kilometer.

WEITERE EIFEL-BLICKE IN DER UMGEBUNG: Auf dem Köpfchen bei Prüm-Habscheid (s. S. 152/153), Dreiländerblick bei Prüm-Buchet (s. S. 150/151), Schwarzer Mann bei Prüm-Sellerich (s. S. 146/147), Wanderparkplatz bei Prüm-Oberlauch (s. S. 108/109).

INFORMATION: Tourist-Information Prümer Land, Hahnplatz 1, 54595 Prüm, Tel. 06551/505, Fax 06551/76 40, www.pruem.de

BLICKPUNKTE: Der Eifel-Blick befindet sich auf einer Plattform, die auf einem gesprengten Westwallbunker errichtet wurde, und öffnet Ihnen einen Sichtwinkel von Südosten (links) über Süden und Westen nach Nordwesten (rechts).

Wenn Sie das Panoramabild auf Seite 106/107 mit einer hypothetischen Uhrenskala von 9:00-15:00 Uhr hinterlegen, wird im Südosten (links) bei etwa 9:00 Uhr der Horizont vom Tettenbusch gebildet; rechts daneben, im Süden, liegt Prüm in der gleichnamigen Kalkmulde und im Tal des Flüsschens Prüm. Nach rechts ragt der Ortsteil Tafel in den Mittelgrund, wiederum rechts davon erhebt sich zwischen 10:00 und 10:30 Uhr der Bergrücken des Prümer Kalvarienbergs. Die Geschichte Prüms wird nicht nur geprägt von dessen berühmter Benediktinerabtei (s. S. 14), sondern auch von einem verheerenden Unglück, das nach dem Zweiten Weltkrieg stattfand. In einem Bunker am Kalvarienberg lagerten 1949 circa 600 Tonnen Sprengstoff, um die Westwallanlagen zu sprengen. Als ein Feuer ausbrach, kam es zu einer verheerenden Explosion, die weite Teile der Stadt Prüm zerstörte und zahlreiche Menschen verletzte und tötete - ein großer Explosionskrater erinnert noch heute an die Katastrophe.

Den Horizont im Hintergrund rechts des Kalvarienbergs, im Süden, bildet der Islek im Grenzraum zwischen Deutschland, Luxemburg und Belgien. Rechts davon, im Südosten, senkt sich vor dem Horizont das Tal des Mehlenbachs in die Landschaft (s. Blickpunkte S. 148).

Bei 12:00 Uhr sehen Sie im Westen den Eifel-Blick „Am Köpfchen" in Prüm-Habscheid; zwischen 13:30 und 14:30 Uhr bildet der lang gestreckte, bewaldete Bergrücken des Schwarzen Manns den Horizont (s. S. 146/147, 149 und 156). Auf dem Schwarzen Mann befinden sich der Antennenmast „Schnee-Eifel" der Deutschen Telekom sowie der in den 1950er Jahren errichtete, auffällige Stahlgittermast der US-Streitkäfte, der unter dem Namen „Prüm Air Station" als Radar-Antenne diente. Im Nordwesten, bei 15:00 Uhr treten die Orte Gondenbrett und Wascheid ins Blickfeld.

INFORMATIONEN

WANDERPARKPLATZ BEI PRÜM-OBERLAUCH

Anfahrt: 54614 Oberlauch, Dorfstraße (L 16). In Oberlauch folgen Sie der L 16 in Richtung „Pronsfeld"; circa 300 Meter hinter dem Ortsausgang befindet sich der Eifel-Blick auf einem Wanderparkplatz. GPS-Koordinaten (WGS 84): N 50° 9.963' E 006° 24.808'

ÖPNV: aus Richtung Köln oder Trier mit der Bahn bis Gerolstein, von dort Buslinie 411 bis Prüm, dann mit Buslinien 404/414 bis Oberlauch

Wandern: Wanderkarte 1:25.000 des Eifelvereins Nr. 17 „Prümer Land". Der Eifel-Blick liegt unweit des Willbrorduswegs (HWW 5).

Radfahren: Vom Nimstal-Radweg gelangen Sie ab Dingdorf über Oberlauch zum Eifel-Blick.

Weitere Eifel-Blicke in der Umgebung: Katzenkopf bei Prüm-Gondenbrett (s. S. 106/107), Am Apert bei Prüm-Büdesheim (s. S. 102/103), Auf Heilert bei Gerolstein-Duppach (s. S. 100/101)

Information: Tourist-Information Prümer Land, Hahnplatz 1, 54595 Prüm, Tel. 06551/505, Fax 06551/76 40, www.pruem.de

Blickpunkte: In einem Sichtwinkel von Nordosten (links) über Osten nach Süden (rechts) haben Sie einen eindrucksvollen Blick über das Nimstal hinweg bis zur Vulkaneifel, zum Salmwald und zum Hunsrück.

Wenn Sie das Panoramabild auf Seite 108/109 mit einer hypothetischen Uhrenskala von 9:00-15:00 Uhr hinterlegen, sehen Sie am Horizont bei 9:00 Uhr, im Nordosten, bei guter Fernsicht die Hohe Acht, einen Vulkan aus der Tertiärzeit und mit 747 Metern die höchste Erhebung der Eifel. Nicht weit davon entfernt liegt rechts die Nürburg auf dem gleichnamigen Berg (678 Meter), der von der Rennstrecke „Nürburgring" umgeben wird.

Im Mittelgrund schieben sich die Turmspitzen von Oberlauch vor die Landschaftskulisse, rechts dahinter ist am Horizont bei etwa 10:00 Uhr der 302 Meter hohe Sendemast des SWR auf dem Scharteberg (691 Meter) bei Daun zu sehen. Rechts davon ist die Kopp, ein 616 Meter hoher Bergrücken erkennbar. Davor zieht sich zwischen 10:00 und 12:00 Uhr das 1.086 Hektar große Naturschutz- und FFH-Gebiet „Schönecker Schweiz" (s. S. 112) am Horizont entlang. An ihrem Rand liegt bei 13:00 Uhr die Burgruine Schönecken auf einem breiten, zur Nims hin abfallenden Bergrücken. Bei 13:30 Uhr befindet sich nahe dem Horizont Seiwerath, im Mittelgrund zeigt sich Niederlauch und rechts davon, bei 14:00 Uhr, Dingdorf. Bei 15:00 Uhr können Sie bei klarem Wetter am Horizont den Hunsrück ausmachen, neben der Eifel ein weiteres Teilgebiet des Rheinischen Schiefergebirges. Im Mittelgrund teilt das Nimstal die Landschaft. Die Nims entspringt im Ortskern von Weinsheim in circa 565 Metern Höhe und mündet schließlich als kleiner Fluss bei Irrel in die Prüm; auf dieser rund 50 Kilometer langen Wegstrecke fällt sie um 361 Höhenmeter ab.

DAS NATURSCHUTZGEBIET „SCHÖNECKER SCHWEIZ"

In der Mitte der Prümer Kalkmulde, zwischen Schönecken im Süden, Rommersheim im Westen, Fleringen im Norden und Wallersheim im Osten, liegt das 1.086 Hektar große FFH- und Naturschutzgebiet „Schönecker Schweiz". Auch dieses Fauna-Flora-Habitat gehört zu Natura2000, dem europäischen Netz aus Schutzgebieten, in dem die EU das Naturerbe des Kontinents bewahrt. Der Name des Gebiets kommt nicht von ungefähr: Steilhänge, Hochplateaus, Felswände, Dolomitblöcke, Schlucht- und Kerbtäler prägen sein Landschaftsbild und bilden ein abwechslungsreiches Mosaik aus höchst unterschiedlichen Lebensräumen, in denen zahlreiche seltene Tiere und Pflanzen vorkommen.

Ähnlich wie auf den Alendorfer Kalktriften (s. S. 87) gibt es auch hier Triftweiden, die bis ins 19. Jahrhundert beweidet wurden, was heute zu ihrem Erhalt erneut geschieht. Pflanzen, die vom Kalkboden abhängig sind, wie Küchenschellen (s. Bild S. 10), Orchideen (s. Bilder S. 92, 93, 97 und 99) und Enziane (s. Bild S. 96) blühen dort. Scharen von Schmetterlingen bevölkern die Wiesen; auffällig ist die hohe Zahl der kleinen und wunderschön gefärbten Bläulinge. Der seltene Wundklee-Bläuling (Polyommatus dorylas) bildet in der Schönecker Schweiz eine seiner größten Populationen von Rheinland-Pfalz.

Neben den Mager- und Trockenrasen ziehen sich Wälder an den Hängen hoch. Im Altenburger und Schalkenbachtal fin-

Die Zwiebeltragende Zahnwurz mit braunen Brutzwiebelchen in den Blattachseln den sich Schlucht- und Hangwälder auf Kalk mit beeindruckenden offenen Felsen. Dort wachsen zartblättrige Pflanzen wie das Silberblatt, aber auch botanische Seltenheiten wie Einbeere und Schuppenwurz kommen vor. Märzbecher, Bärlauch und Zahnwurz bilden im Frühling Blütenteppiche auf dem Waldboden, Akelei und die Pfirsichblättrige Glockenblume sprenkeln die Waldränder im Sommer blau.

Die Zahnwurz der Kalkwälder der Schönecker Schweiz ist eine besondere Pflanze. Sie bildet kleine braune Brutzwiebeln in den Blattachseln, ihr genauer Artname lautet daher „Zwiebeltragende Zahnwurz". Wenn diese Brutzwiebelchen reifen, fallen sie ab und keimen im nächsten Frühjahr auf dem Boden aus. Neben der sexuellen Vermehrung über die Blüte kann sich diese Pflanze über die Brutzwiebeln auch vegetativ, das heißt ohne Genaustausch, vermehren, was einem natürlichen Klonvorgang gleichkommt.

Als Verkarstungserscheinungen (s. S. 98) finden sich in der Schönecker Schweiz Dolinen, Bachschwinden und kleine Höhlen. Letztere bieten insbesondere Tieren Unterschlupf und Lebensraum. Neben Fledermäusen suchen auch Wirbellose diese Höhlen als Wetterschutz und zum Überwintern auf. So findet man dort im Winter zum Beispiel Ansammlungen von Faltern wie dem Tagpfauenauge, die an der Decke hängend überwintern. Gelegentlich sind auch die auffälligen Kokons der Höhlenkreuzspinne zu sehen, die wie Lampions an einem Gespinstfaden von der Decke oder von Vorsprüngen baumeln.

Die auffälligen Kokons der seltenen Höhlenkreuzspinne finden sich in den Felshöhlen der Schönecker Schweiz.

REGION 5: EIFEL-BLICKE IN DER HOCHEIFEL

Zur westlichen Hocheifel wird der Bereich der Eifel zusammengefasst, der sich auf deutscher Seite an der belgischen Grenze zwischen Hellenthal und Prüm entlang zieht. Das Gebiet zeichnet sich zum einen durch seine größeren Höhenlagen, zum anderen durch die landwirtschaftliche Prägung aus.

Kaum ein Bachtal in dieser Region liegt niedriger als 500 Meter, und die höchste Erhebung, der Schwarze Mann, verfehlt die 700-Meter-Marke nur um knapp drei Meter. Diese Höhenlage hat natürlicherweise Auswirkungen auf das Klima: Der Winter dauert länger, der Schnee kommt früher und häufiger, der Frühling später, und die Vegetationsperiode ist gegenüber dem Tiefland, etwa der Kölner Bucht, um circa vier Wochen kürzer. Die Niederschläge belaufen sich auf etwa 1.200 Millimeter pro Jahr, die mittlere Jahrestemperatur liegt unter 7°C, und es gibt weit mehr als hundert Frosttage im Jahr. Diese spröden Klimabedingungen zeigen sowohl Auswirkungen auf die Natur als auch auf die Lebensweise der hier wirtschaftenden Menschen. Die Landwirte müssen ihren Jahresertrag in einer kürzeren Vegetationsperiode erwirtschaften als im Tiefland.

Im Gegensatz etwa zur Rureifel oder der Nationalpark-Region hat die Hocheifel ihren ländlichen Charakter bewahren können. An den Rändern der Eifel drückt sich der Verstädterungsprozess in den Dörfern durch das weitgehende Fehlen landwirtschaftlicher Nutzbauten aus sowie darin, dass die Bevölkerung zu Pendlern geworden ist, die ihre Berufe in den umliegenden Ballungszentren ausüben. Hier in der Hocheifel hingegen prägen typischerweise noch Ställe, Scheunen, Silos und Geräteschuppen die Architektur der Ortschaften.

Doch hat auch hier die Intensivierung der Landwirtschaft in der zweiten Hälfte des 20. Jahrhunderts ihre deutlichen Spuren hinterlassen – der „ländliche Charakter" ist keineswegs Idylle. Angetrieben durch die Förderpolitik der EU durchlief die Landwirtschaft in der zweiten Hälfte des 20. Jahrhunderts einen starken Konzentrationsprozess. „Wachsen oder weichen" war die Devise, und sie ist es auch noch heute: Viele Landwirte gaben ihren Betrieb auf und verkauften ihr Land an die Berufskollegen, die erst ab einer bestimmten Größe der bewirtschafteten Fläche EU-Fördermittel erhielten. Galt in den 1950er Jahren ein landwirtschaftlicher Betrieb – den ein Landwirt in aller Regel neben seinem meist handwerklichen

Blick über Grün- und Ackerland der Hocheifel auf den bewaldeten Schneifelrücken mit seiner höchsten Erhebung, dem Schwarzen Mann (697 Meter)

EIFEL-BLICKE IN DER HOCHEIFEL

„Im Märzen der Bauer sein Rösslein anspannt ..." Solche romantischen Bilder vom Dasein der Landwirte sind längst Geschichte. Dennoch existieren auch heute noch Klischees: blühende Wiesen mit glücklichen Kühen und gebräunten Menschen, die entspannt Heugabeln schwingen. Tatsächlich aber finden sich auf intensiv bewirtschafteten Wiesen kaum blühende Kräuter, Rinder sieht man in der Landschaft nur noch selten, die Landwirte bewältigen die Planungen ihrer Betriebe – wie andere Unternehmer auch – am Computer, zudem klagen sie ganz unentspannt über ihre gesunkenen Einkommen. Ihre lärmenden Maschinenparks, untergebracht in großen funktionalen Hallen, verströmen eher die Atmosphäre von Industrieunternehmen denn von Idylle.

Beruf führte – mit zehn Rindern noch als groß, sind heute Vollerwerbslandwirte mit etwa 150 bis 300 Tieren üblich, neuerdings mit bis zu 500 Tieren. Artgerechte Tierhaltung ist bei solchen Zahlen kaum durchführbar. Die Ställe sind eng und genormt; um gegenseitige Verletzungen zu vermeiden, werden die Rinder als Kälber enthornt, Freigang gibt es in vielen Fällen des kurzen Rinderlebens gar nicht.

Hatten Mitte des vergangenen Jahrhunderts fast alle Dorfbewohner eine Landwirtschaft, führte der Konzentrationsprozess dazu, dass es heute oft nur noch zwei bis drei Landwirte in einem Dorf gibt. „Höfesterben" ist das Schlagwort, das den seit Jahrzehnten bestehenden Trend zur Aufgabe landwirtschaftlicher Betriebe beschreibt.

Viele Landwirte versuchen sich seit Neuerem auch als Energiewirte. Durch Fördergelder gelockt, investierten sie in Fotovoltaik-, Windkraft- und Biogasanlagen. Letztere erfordern einen intensiven Maisanbau. Auf diese Weise dient das traditionelle Grünland der Hocheifel nicht nur mehr der Heu- und Silageproduktion, sondern auch als Ackerland der Biomasse-Erzeugung für die Energiegewinnung.

Ein „Urlaub auf dem Bauernhof" bietet ausgezeichnete Möglichkeiten, das wirkliche Leben der Landwirte kennenzulernen. Einerseits leben Landwirte tatsächlich in der Nähe zum Boden, zu ihren Pflanzen und Tieren – in naturnahen Verhältnissen, die die Städter in bodenfernen und abgasbelasteten Wohnhäusern oft missen. Heuduft gibt es also wirklich noch. Andererseits besteht der Alltag der Landwirte vor allem aus langen Arbeitszeiten und einem existenziellen Kon-

Niederhabscheid vom Eifel-Blick aus betrachtet, unweit vom Schwarzen Mann gelegen mit landwirtschaftlich geprägtem Ortsbild

kurrenzkampf, den viele nicht gewinnen können. Der Verfall und der Kampf um die Milchpreise im gegenwärtigen Jahrzehnt bezeugt in aller Deutlichkeit die Abwärtsspirale aus sich gegenseitig bedingender Preissenkung und Mehrproduktion durch Intensivierung.

Vor diesem Hintergrund verlieren nicht nur die Menschen hier vielfach den Kampf um das berufliche Überleben, auch die Tiere und Pflanzen der heimischen Landschaft bleiben bei der Intensivierungsspirale zunehmend auf der Strecke. Die Industrialisierung der landwirtschaftlichen Wirtschaftsweisen im letzten Jahrhundert hat dazu geführt, dass unsere Landschaft kaum noch Lebensraum bietet für die Artenvielfalt, die eigentlich hier heimisch ist.

Viele der Heuwiesen werden mit eiweißreichen Gräserarten für das Vieh eingesät, was die heimischen Blütenkräuter verdrängt. Die Flächen werden intensiv gedüngt, was dazu führt, dass die Heuwiesen drei- bis viermal im Jahr gemäht werden können. Langsam wachsende Pflanzenarten fehlen auf diesen Flächen; nur die wenigen Pflanzenarten, die den vielen Dünger tatsächlich in Wachstum umsetzen können und deren Erneuerungsknospen das häufige Abmähen ertragen, überleben den Existenzkampf unter diesen Bedingungen. Derartige Flächen erkennt man daran, dass auf ihnen selbst im Mai kaum eine Blüte zu sehen ist und sie daher intensiv grün erscheinen. Eine Ackerfläche ist überhaupt nur von einer einzigen Pflanzenart bewachsen: zum Beispiel Mais oder Raps. Derartige landwirtschaftliche Flächen können Sie sehr gut beispielsweise von den Eifel-Blicken in Gondenbrett, Habscheid oder vom Dreiländerblick am „Schwarzen Mann" sehen.

Die Intensivierung bei der Bewirtschaftung von Wiesen- und Ackerflächen, entstanden aus dem Überlebenskampf der Landwirte, reduziert also pflanzliche und tierische Artenvielfalt der Landschaft: Viele Insektenarten sind an bestimmte Pflanzenarten oder -gruppen angepasst und kommen nur mit ihnen zusammen vor. Durch das eingeschränkte Artenspektrum der Pflanzen sind somit

Intensivlandwirtschaft: Maisfeld

ebenfalls die Artenvielfalt und Menge der Insekten stark reduziert. Die fehlenden Insekten wiederum wirken sich auch auf die Vogel- und Säugetierwelt aus, die sich von ihnen ernährt. Das Fehlen blüten- und artenreicher Wiesen zieht sich durch die gesamte Nahrungspyramide und führt zu einer generellen Artenverarmung in unserer heimischen Landschaft. Die historische Artenvielfalt unserer Landschaft ist heute nicht mehr auf den intensiv bewirtschafteten Flächen zu finden, sondern muss ihr Dasein auf den kleinen Arealen der Naturschutzgebiete fristen, die ihnen als letzte Rückzugsräume dienen.

Die gegenwärtige Intensivbewirtschaftung der Wiesen bedeutet auch eine Abkopplung der Viehhaltung von der natürlichen Produktivität des Bodens. Das Vieh wird in Ställen ge-

REGION 5: EIFEL-BLICKE IN DER HOCHEIFEL

halten und mit Futter versorgt, das entweder auf den lokalen Intensiv-Flächen erwirtschaftet wird (und damit zur heimischen Artenreduktion führt) oder aus anderen Teilen der Welt stammt. Dadurch kann hier mehr Vieh gehalten werden, als der Boden natürlicherweise ernähren würde. Die Viehhaltung erfolgt also unabhängig von der lokal zur Verfügung stehenden Landfläche. Ziel einer landschaftsverträglichen Landwirtschaft sollte es jedoch sein, die Tierhaltung wieder zu extensivieren und zumindest einen größeren Teil flächenabhängig zu gestalten, das heißt, nur so viele Tiere zu halten, wie der Boden natürlicherweise ernähren kann. Die Konsequenz daraus wäre eine andere Preisgestaltung der landwirtschaftlichen Produkte. Das würde sowohl dem Berufsstand der Landwirte das Überleben erleichtern als auch die Möglichkeit bieten, dass Landwirte mit der Bewirtschaftung der Landschaft wieder – wie in der Vergangenheit – für den Erhalt der heimischen Artenvielfalt arbeiten könnten. Gleichzeitig würde dieser finanziell vom Verbraucher getragen, der letztlich durch das Preisdiktat einer der Hauptverursacher der Artenreduktion in unserer heutigen Landschaft ist.

Ansätze dazu gibt es bereits: Eine Reihe von Bio-Zertifikaten für Lebensmittel beinhalten heute einen Beitrag zum Landschaftserhalt. Zudem gibt es Förderprogramme von der EU und den Bundesländern, die Ausfallprämien an Landwirte für die Extensivierung von Bewirtschaftungsmethoden zahlen. Ein Beispiel dafür sind die „Kulturlandschaftsprogramme" oder das „Förderprogramm umweltschonende Landbewirtschaftung", durch die sich die historische Artenvielfalt wieder einstellen kann und Lebensraum für selten gewordene Arten in der modern bewirtschafteten Landschaft entsteht. Die Lasten des Landschaftsschutzes tragen dabei Verbraucher und Steuerzahler, nicht allein die Landwirte.

Die Eifel-Blicke in der Hocheifel – wie etwa rund um Prüm bieten Ihnen die Möglichkeit, weite Fernblicke von den größeren Erhebungen der Eifel über ausgedehnte Landschaften mit den hier typischen Mähwiesen, Mais- und Rapsfeldern zu erleben, die von Wäldern gerahmt sind, oft von Hecken und Gebüschinseln gesäumt, und die ihr besonderes landwirtschaftliches Gepräge von den kleinen Ortschaften mit ihren großen Silos, Ställen und Geräteschuppen erhalten. Am Weißen Stein hingegen finden Sie das FFH-Gebiet an den Kyll-Quellen mit der Artenvielfalt der historischen Kulturlandschaft oder rund um den Schwarzen Mann das Waldschutzgebiet „Schneifel".

Selten gewordener Anblick in der Hocheifel: horntragende Rinder in geringer Anzahl auf einer Weide – Hinweis auf einen traditionellen Landwirt im Nebenerwerb

Bergfried
bei Hellenthal-Reifferscheid

Auf einer Höhe von 470 Metern haben Sie einen Rundblick über den historischen Burgort Reifferscheid und die umliegenden Hügel der Eifel.

REGION 5

INFORMATIONEN

BERGFRIED BEI HELLENTHAL-REIFFERSCHEID

ANFAHRT: 53940 Reifferscheid, Burgstraße. Sie folgen den braunen Schildern zum historischen Ortszentrum und zur Burg bis zum Parkplatz vor der Grundschule am Ende der Burgstraße. Von dort geht es zu Fuß weiter über die Straße „In der Freiheit" durch das Matthiastor hindurch, dann durch die Zehntstraße an der Vorburg und der Zehntscheune vorbei zur Burg. Der Eifel-Blick befindet sich auf der Spitze des weißen Bergfrieds. GPS-Koordinaten (WGS 84): N 50° 28.600' E 006° 27.980'

ÖPNV: aus Richtung Köln oder Trier mit der Bahn bis Kall, von dort mit der Buslinie 829 nach Hellenthal, dann mit den Taxibuslinien 837/838 bis Reifferscheid (Tel. 01804/15 15 15, mindestens 60 Minuten vor Abfahrt bestellen)

WANDERN: Wanderkarte 1:25.000 des Eifelvereins Nr. 4/14 „Schleidener Tal, Hellenthal, Schleiden Gemünd". Der Eifel-Blick liegt am Willibrordusweg (HWW 5) und am Rhein-Rureifel-Weg (HWW 12), außerdem führen die örtlichen Wanderwege 1 bis 6 daran vorbei.

RADFAHREN: Der Eifel-Blick befindet sich an der Historischen Ortskernroute.

WEITERE EIFEL-BLICKE IN DER UMGEBUNG: Pferdekopf bei Kall-Rinnen (s. S. 36/37), Weißer Stein bei Hellenthal-Udenbreth (s. S. 128/129)

INFORMATION: Tourist-Information Hellenthal, Rathausstraße 2, 53940 Hellenthal, Tel. 02482/851 15, Fax 02482/851 14, www.hellenthal.de

BLICKPUNKTE: Vom Bergfried der Burg Reifferscheid haben Sie einen Rundblick über den Burgort und auf die umliegenden Hügelkuppen. Im Westen (wenn Sie gegenüber der Ausgangstür stehen, rechts davon) blicken Sie auf das Tal des Reinzelbachs. Dieses knapp 15 Hektar große Naturschutzgebiet bietet mit seinen mageren Feucht- und Nasswiesen einen Lebensraum für seltene Pflanzenarten. Rechts dahinter liegt auf der Bergkuppe der Ort Büschem, in dem ein Steinbeil aus der Jungsteinzeit (4500-1700 vor Christus) gefunden wurde, der erste Hinweis auf den Aufenthalt von Menschen in dieser Region aus vorgeschichtlicher Zeit. Rechts davon, im Nordwesten (der Ausgangstür gegenüberliegend), wird auf dem Hang eine mittelalterliche Vorgängerburg der heutigen Burg Reifferscheid vermutet. Der Reifferscheider Bach trennt diesen Bergrücken vom rechts liegenden Altenberg und mündet bei Blumenthal in die Olef.

Die hiesigen Bäche gehören zum Abflussregime der Maas: Das Wasser der Olef fließt über Urft und Rur in die Maas und mit ihr in die Nordsee. Das Oleftal ist als kurzer, waagerecht verlaufender Abschnitt vor dem Horizont zu sehen. Die Olef entspringt im deutsch-belgischen Grenzgebiet und mündet nach rund 30 Kilometern Flussverlauf in die Urft bei Gemünd. Der Fluss speist die Oleftalsperre bei Hellenthal, und an seinem naturnahen Oberlauf blühen im Frühjahr große Vorkommen der Gelben Narzisse.

Auf dem Altenberg, nur etwa 1,5 Kilometer von Hellenthal-Reifferscheid entfernt, befindet sich im Nordosten eine bisher nicht näher identifizierte Burgwüstung bei Wollenberg. Von dort besteht Sichtkontakt zur Burg Reifferscheid und in das Tal zwischen den beiden Burgen. Im Osten ist die Steilwand des ehemaligen Steinbruchs „Kupferhardt" weithin sichtbar, in dem Sandsteine gewonnen wurden, die unter anderem in der Burganlage Reifferscheid Verwendung fanden. Der Steinbruch ist Teil des geologisch-montanhistorischen Wanderpfads der Gemeinde Hellenthal. Im Südosten (links der Ausgangstür) blicken Sie auf Palas und Vorburg der Burg Reifferscheid, auf Matthiaskirche und die umgebende Burgsiedlung sowie auf die Talsiedlung, die ab dem 13. Jahrhundert als Bürgersiedlung entstand Am Horizont sehen Sie Hellenthal-Zingscheid auf einer Höhe von 545 Metern.

BERGFRIED bei Hellenthal-Reifferscheid

DIE GESCHICHTE VON REIFFERSCHEID

Ihre erste Erwähnung in historischen Urkunden fand Burg Reifferscheid, als 1106 Heinrich Graf von Limburg und Herzog von Lothringen bei Streitigkeiten zwischen Kaiser Heinrich IV. und dessen Sohn seine eigenen Burgen Limburg und Reifferscheid niederbrannte. Demzufolge haben die Burgen und insbesondere Reifferscheid also bereits vor 1106 existiert. Gegen Ende des 12. Jahrhunderts finden sich in Akten die „Herren von Reifferscheid", die wahrscheinlich einer jüngeren Linie der Grafen von Limburg zuzurechnen sind, als Besitzer der Burg. Gerhard von Reifferscheid und seine männlichen Erben blieben bis zum Jahre 1794 im Besitz der Burg. Reifferscheid war bis ins 15. Jahrhundert ständiger Wohnsitz dieser Familie, doch verlagerten sich die Interessen der Landesherren in den Niederrheinischen Raum nach Alfter, Bedburg, Dyck und Hackenbroich. Von da ab war Reifferscheid nur noch gelegentliche Residenz.

Mehrfach beschädigten Brände die Burg und die Ortschaft von Reifferscheid. Am 23. Juni 1669 vernichtete ein Großfeuer, ausgelöst durch die Unachtsamkeit eines Soldaten, weite Teile der Burg, den Dachstuhl und den Turm der Kirche sowie viele Häuser des Orts. Graf Erich Adolf ließ daraufhin an dieser Stelle ein Schloss ohne den Befestigungscharakter der früheren Burganlage erbauen.

1689 zerstörten französische Truppen im Zuge der Reunionskriege das Schloss und die „Freiheit" (Ortschaft) Reifferscheid. Unter Graf Franz Wilhelm (1673–1734) wurde das Schloss wieder hergestellt.

1794 beschlagnahmten die Franzosen das Schloss und die übrigen gräflichen Güter während der Koalitionskriege erneut. Als Folge davon wurde das Schloss im Jahr 1805 versteigert. Die neuen Besitzer ließen Wertstücke entfernen und benutzten die Anlage anschließend als Steinbruch.

1889 ging die Ruine wieder in den Besitz des Fürstenhauses Salm-Reifferscheid über, das sie 1965 der Gemeinde Hellenthal übertrug. Diese hat seitdem bedeutende Teile des historischen Baubestands gesichert und für Besucher zugänglich gemacht.

Schloss Reifferscheid (nach einem Aquarell von P. S. C. Eveldt 1793)

Durch den historischen Ortskern von Reifferscheid

Wanderung zum Eifel-Blick BERGFRIED

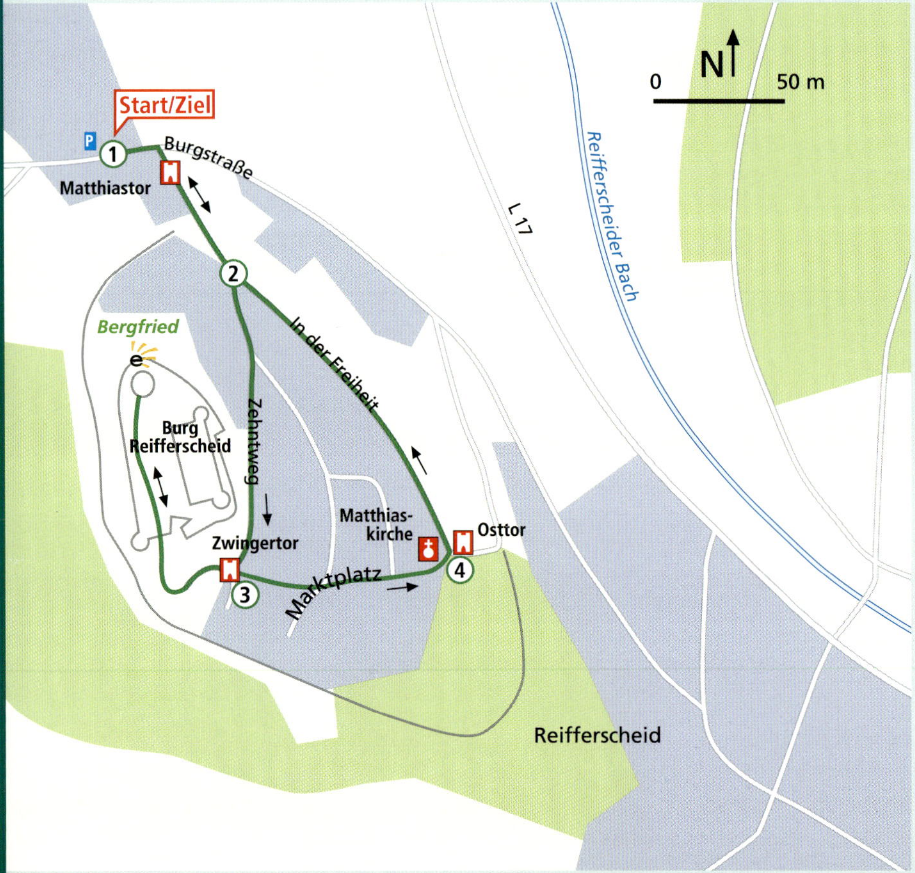

Länge: 1,5 km

Ausgangspunkt: Burgstraße/In der Freiheit, 53940 Reifferscheid

Anfahrt mit ÖPNV: aus Richtung Köln oder Trier mit der Bahn bis Kall, von dort mit der Buslinie 829 nach Hellenthal, dann mit den Taxibuslinien 837/838 bis Reifferscheid (Tel. 01804/15 15 mindestens 60 Minuten vor Abfahrt bestellen)

Parkmöglichkeiten: Parkplatz „Burgbering" am Ende der Burgstraße, 53940 Hellenthal-Reifferscheid

Hinweise: Dieser Spaziergang führt Sie durch den mittelalterlichen Ortskern Reifferscheids zum Eifel-Blick auf dem Bergfried.

Weitere Informationen: www.hellenthal-eifel.com -> Tourismus & Freizeit -> Ausflugsziele -> Burg Reifferscheid
www.reifferscheid-eifel.de

(1) Vom Parkplatz aus folgen Sie der Straße „In der Freiheit". „Freiheit" hießen seit dem Mittelalter die etwas größeren Siedlungen kleiner Herrschaften, die jedoch keine Stadtrechte besaßen. Um Menschen zum Siedeln zu bewegen, die die Burg im Kriegsfall auch verteidigten, begünstigten Burgherren die Ansiedlung mit Rechten und Privilegien. So entstanden stadtähnliche Gebilde, „Freiheiten" oder „Städtlein". Zwar wurde Reifferscheid in Urkunden hin und wieder „stat" genannt, besaß jedoch tatsächlich keine Stadtrechte. Den „Freiheiten" fehlten die wirtschaftlichen Voraussetzungen der Städte, und so blieben sie Dörfer. In der näheren Umgebung gehören neben Reifferscheid auch die nahe gelegene Wildenburg und Kronenburg (s. S. 142/143) zu den typischen gotischen Burgsiedlungen kleinerer Herrschaften, die zudem ihre ursprüngliche Anlageform bewahren konnten.

Die strategisch stärker gefährdete Nordseite der „Freiheit" Reifferscheid war mit einem Graben und dem Matthiastor gesichert. Über den Graben führte ursprünglich eine Zugbrücke, die im 18. Jahrhundert durch einen steinernen Damm ersetzt wurde. Sie passieren nun dieses Tor, das im Innern Texte und Bilder zur Geschichte des Bauwerks und des Orts bietet.

(2) Kurz dahinter bleiben Sie an der Gabelung rechts und wechseln auf den Zehntweg, der Sie zwischen Stein- und Fachwerkhäusern aus dem 17. Jahrhundert hindurch an der Vorburg und dem ehemaligen Wagenhaus („Zehntscheune", s. Bild S. 127) vorbei zur Burganlage bringt. Die Burgsiedlung von Reifferscheid ist als äußerer Zwinger angelegt, das heißt, sie ist von einer Mauer geschützt und umschließt die eigentliche Burganlage nach Norden, Osten und Süden. Nach der

Der Bergfried der Burg Reifferscheid mit dem Eifel-Blick

Durch den historischen Ortskern von Reifferscheid

Blick vom Bergfried der Burg Reifferscheid auf die Ruine des Pallas und die Mathiaskirche

Zerstörung der oberen Mauerpartien im Jahr 1689 wurden die Häuser an und auf die Ringmauer gebaut (s. S. 123). Die Bebauung innerhalb der Ringmauer ist heute weniger dicht als im Mittelalter; alle Gebäude sind nach dem Brand von 1669 und der Zerstörung von 1689 entstanden. Die Straßenführung und die Plätze entsprechen weitgehend dem mittelalterlichen Grundriss, jedoch war die Bebauung an der Ringmauer erst nach Aufgabe der Wehrfunktion der Anlage möglich. Sie sollten sich etwas Zeit nehmen, die Burganlage zu erkunden. Der Eifel-Blick liegt auf dem Bergfried, den Sie über eine innere Holztreppe erklimmen.

(3) Von der Burg folgen Sie dem Zehntweg zurück bis zur Vorburg mit ihrem Tor. Dieser Bau war ursprünglich eine spätgotische Anlage und ist der Burg im Osten und Süden vorgelagert. Auch die Vorburg besitzt eine zwingerartige Konstruktion, das heißt umschließende Mauern mit Toren, die der Burg ebenfalls vorgelagert waren. Sie war sicherlich der erste Zwinger, der an die Burg angebaut wurde, erst später kam die größere Burgsiedlung. Die zur Siedlung hin gerichtete Außenmauer der Vorburg aus dem 14. Jahrhundert ist noch in großen Teilen erhalten, jedoch wurden auch hier Gebäude nach 1689 aufgesetzt: eine Remise (Zehntweg 9), das im 19. Jahrhundert wieder aufgebaute Wohnhaus (Zehntweg 8) und die wahrscheinlich seit dem 17. Jahrhundert bestehende ehemalige Zehntscheune (Zehntweg 6 – das heutige Burg-Café). Das Tor aus dem frühen 18. Jahrhundert am Hause Zehntweg 8 diente später als Haupteinfahrt der Burg. Durch dieses Tor sollten Sie nun nach rechts abbiegen. Sie kommen dort zum Marktplatz mit dem Marienbrunnen, der unter alten Linden und Eichen rauscht.

(4) Nach rechts hin können Sie die Matthiaskirche besichtigen, sie war – ähnlich wie in anderen Burgsiedlungen – von Anfang an als Teil der Befestigung eingeplant. Danach setzen Sie Ihren Weg durch die Straße „In der Freiheit" fort und können hier nun auch einen Panoramablick durch das Osttor auf die gegenüberliegende Talseite des Reifferscheider Bachs werfen. Das Osttor wurde wohl erst im 15. Jahrhundert angelegt und im 16. Jahrhundert erneuert, der wehrgangartige Oberbau trägt die Jahreszahl 1581. Von hier aus führt die Straße „In der Freiheit" zum Parkplatz „Burgbering" zurück.

Blick durch das Burgtor auf die ehemalige Zehntscheune von Reifferscheid

Wanderung zum Eifel-Blick BERGFRIED

Weißer Stein
bei Hellenthal-Udenbreth

Der Weiße Stein ist mit 687 Metern die höchste Erhebung der nordrhein-westfälischen Eifel. (Der Turm wurde Ende 2011 wegen Baufälligkeit geschlossen; eine Alternative war bei Drucklegung des Buchs noch nicht bekannt.)

REGION 5

INFORMATIONEN

WEISSER STEIN BEI HELLENTHAL-UDENBRETH

Hinweis: Der Turm wurde Ende 2011 wegen Baufälligkeit geschlossen; eine Alternative war bei Drucklegung des Buchs noch nicht bekannt. Damit entfällt dieser Eifel-Blick derzeit; die Wanderung „Durch die Heckenlandschaft bei Udenbreth und das Quellgebiet der Kyll" (s. S. 132) ist dennoch lohnenswert.

Anfahrt: Über die B 265 bis zum Wanderparkplatz „Wintersportgebiet Weißer Stein", von dort gehen Sie zu Fuß 500 Meter an Restaurant und Sportplatz vorbei zum Aussichtssturm, auf dessen oberster Plattform sich der Eifel-Blick befindet. Der Turm ist bei Sturm und Glatteis nicht nutzbar. GPS-Koordinaten (WGS 84): N 50° 24.535' E 006° 22.390'

ÖPNV: aus Richtung Köln oder Trier mit der Bahn bis Kall, von dort mit der Buslinie 829 nach Hellenthal, dann mit der Taxibuslinie 839 nach Udenbreth (Tel. 01804/15 15 15, mindestens 60 Minuten vor Abfahrt bestellen)

Wandern: Wanderkarte 1:25.000 des Eifelvereins Nr. 4/14 „Schleidener Tal, Hellenthal, Schleiden Gemünd". Der Eifel-Blick liegt an den örtlichen Rundwegen A7 bis 9, in der Nähe verläuft der Matthiasweg (HWW 6). Eine detailliert beschriebene Wanderung mit dem Eifel-Blick als Ausgangspunkt finden Sie ab Seite 132.

Radfahren: Radfahrer kreuzen den Ort Udenbreth über die Eifel-Höhen-Route.

Weitere Eifel-Blicke in der Umgebung: Friedhof bei Dahlem-Kronenburg (s. S. 140/141), Burgruine bei Dahlem-Kronenburg (s. S. 142/143), Missionskreuz Heidenkopf bei Dahlem (s. S. 72/73), Friedhof bei Dahlem (s. S. 74/75), Bergfried bei Hellenthal-Reifferscheid (s. S. 120/121).

Information: Tourist-Information Hellenthal, Rathausstraße 2, 53940 Hellenthal, Tel. 02482/851 15, Fax 02482/851 14, www.hellenthal.de

Museen: Besucherbergwerk „Grube Wohlfahrt", 53940 Hellenthal-Rescheid, Tel. 02448/91 11 40, www.grubewohlfahrt.de Führungen: täglich 11, 14 und 15.30 Uhr. Festes Schuhwerk und angepasste Kleidung werden empfohlen, da die Temperatur im Bergwerk ganzjährig nur 8°C beträgt. Öffnungszeiten Grubenhaus: täglich 10-16 Uhr

WEISSER STEIN bei Hellenthal-Udenbreth

BACHTÄLER DER HOCHEIFEL

Im Rahmen von „LIFE"-Projekten der EU wurden eine Reihe von Bachtälern der Eifel von einem stark veränderten in einen naturnahen Zustand zurückversetzt, darunter auch das Quellgebiet der Kyll mit mehreren Bachoberläufen. LIFE ist seit 1992 das Finanzierungsinstrument der EU für die Umwelt. Mit dem Bereich „LIFE-Natur" können Projekte bezahlt werden, die Lebensräume wiederherstellen und so das Überleben von Arten ermöglichen, insbesondere in europäischen Schutzgebieten, die zu Natura2000 gehören (s. Blickpunkte S. 38). Auf diese Weise liefert die EU eine finanzielle Ausstattung, die sicherstellt, dass das europäische Naturerbe tatsächlich erhalten werden kann.

Eine der Zielsetzungen ist es, Bäche und Flüsse in Europa für ihre natürlichen Bewohner wie Fische und Insekten wieder durchgängig zu machen. Viele Tierarten wandern innerhalb der Fließgewässer. Verrohrungen, Wehre und andere Bauten hindern sie jedoch daran, sodass der Gewässerlauf nur teilweise oder auch gar nicht besiedelt werden kann.

So wurden zum Beispiel in Bachtälern des deutsch-belgischen Grenzgebiets alle Wehre und Verrohrungsabschnitte zurückgebaut und Wege über neuartige Brücken geführt, die das Bachbett unberührt lassen. Denn sowohl Fische als auch Insekten bewegen sich zwischen den Steinen zu bestimmten Zeiten über längere Strecken bachauf- oder bachabwärts; über Verrohrungsabschnitte kommen sie dabei nicht hinweg. Doch nicht nur die Durchgängigkeit der Gewässer war ein Ziel, auch Uferbereiche in den Talauen wurden renaturiert. Man fällte nicht-heimische Baumarten wie die Fichte, die durch ihre Dunkelheit das Aufkommen der charakteristischen Bachvegetation verhinderte und dadurch auch die Tierarten fernhielt, die natürlicherweise in der Ufervegetation Lebensraum finden. Dazu zählen viele Insektenarten, die wiederum Beutetiere von typischen Bachvögeln der Mittelgebirge, wie Gebirgsstelze und Wasseramsel sind. Auch der Eisvogel gehört zu den charakteristischen Vögeln der Bäche, der hier kleine Fische fängt (s. S. 139).

Gelbgraues Gefieder: Gebirgsstelze

Durch die Heckenlandschaft bei Udenbreth und das Quellgebiet der Kyll

Wanderung am Eifel-Blick WEISSER STEIN

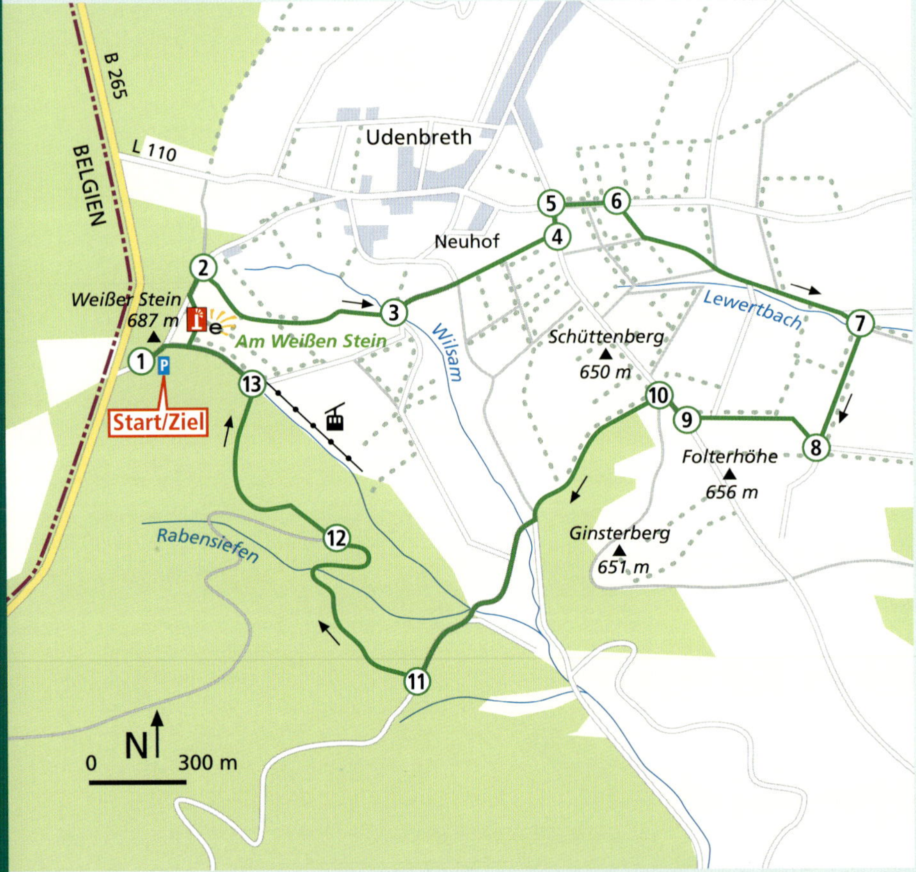

Länge: 7,5 km

Ausgangspunkt: 53940 Udenbreth, Aussichtsturm am Parkplatz „Weißer Stein". Von der B 2 folgen Sie der weißen Ausschilderung „Wintersportgebiet Weißer Stein".

Anfahrt mit ÖPNV: aus Richtung Köln oder Tri mit der Bahn bis Kall, von dort mit der Buslini 829 nach Hellenthal, dann mit der Taxibuslini 839 nach Udenbreth (Tel. 01804/15 15 15, m destens 60 Minuten vor Abfahrt bestellen)

Parkmöglichkeiten: Parkplatz „Weißer Stein", 53940 Hellenthal-Udenbreth

Hinweise: Diese Rundwanderung führt Sie von Eifel-Blick „Weißer Stein" durch die Heckenlan schaft von Udenbreth und das Quellgebiet der Kyll.

Weitere Informationen: www.hellenthal-eifel.com –> Tourismus & Freizeit

(1) Vom Parkplatz aus folgen Sie der Straße an Restaurant und Sportplatz vorbei; nach etwa 300 Metern konnten Sie bis Ende 2011 nach rechts über einen Spiel- und Picknickplatz einen Abstecher zum Eifel-Blick auf dem Aussichtsturm machen, der abgerissen werden musste und für den es möglicherweise in Zukunft einen Ersatz geben wird. Anschließend folgen Sie der Straße für 200 Meter weiter bis zum Ende des kleinen Wohnwagen-Hafens.

(2) Hinter einem mit Gebüschen bewachsenen Erdwall biegen Sie auf einen Feldweg nach rechts ab. An diesem finden Sie Wiesenrandstreifen (s. Bild S. 135), auf denen vor allem im Juni und Juli die heimische Blütenpracht leuchtet: Die seltene Bärwurz und Waldstorchschnabel wachsen hier in üppigen Mengen, dazwischen streckt der Große Wiesenknopf seine weinroten, bombenförmigen Blütenstände in die Höhe. Nach 250 Metern schwenkt der Weg nach links und ist nun rechts gesäumt von einer artenreichen Hecke, hinter der sich die geschützten und daher ungedüngten Feuchtwiesen der Quellgebiete des Wilsambachs ausdehnen. Zahlreiche Schmetterlinge bevölkern im Sommer in auffälliger Weise diese extensiven Viehweiden. An trockeneren Stellen färbt die Schwarze Flockenblume die Wiesen violett, an feuchteren leuchten gelber Sumpfhornklee und blaues Vergissmeinnicht zwischen den grünen Strahlenbündeln der Binsenhorste. Am Bachlauf entlang gruppieren sich die rundlichen Büsche der Öhrchenweide, dazwischen schweben die fedrig-weißen Blütenstände der Mädesüßstauden und die leuchtend gelben Kerzen des Gilbweiderichs recken sich nach oben. Nicht nur das Naturschutzgebiet an der Wilsam zeigt die beeindruckende Vielfalt der heimischen Tier- und Pflanzenwelt, auch die He-

An feuchten Heckenböschungen: die auffälligen Blütenstände des Gilbweiderichs

Durch die Heckenlandschaft bei Udenbreth und das Quellgebiet der Kyll

DER WESTWALL

Der Westwall ist eine militärische Wehranlage, die unter nationalsozialistischer Herrschaft am Westrand des damaligen Deutschen Reiches von 1938 bis 1940 zwischen Kleve an der Grenze zu den Niederlanden und Weil an der Grenze zur Schweiz errichtet wurde. Sie bestand aus Gräben, Panzersperren, Stollen und mehr als 18.000 Bunkern. An vielen Stellen der Eifel sind Überreste dieses gigantomanischen Bauwerks zu finden, dem eher ein propagandistischer denn ein strategischer Erfolg zugeschrieben werden kann.

So gab es etwa am Burgberg bei Hürtgenwald-Bergstein Bunker dieser Anlage. In der Nähe des Eifel-Blicks „Jägerhaus" bei Hürtgenwald-Raffelsbrand befindet sich ein Wasserbunker. Auch bei Dahlem und Kronenburg existieren mehrere Bunker; der Eifel-Blick am Schwarzen Mann liegt sogar an einem „Westwall-Wanderweg", der an mehreren Bunkern vorbei führt. Auch bei Udenbreth gibt es zerstörte und übererdete Bunker. Die „Höckerlinie", die Sie hier finden, besteht aus mehreren Reihen von Betonzähnen, die hüft- bis mannshoch aus dem Boden ragen und ehemals Panzerfahrzeuge aufhalten sollten.

Heute sind die verfallenen Bauten des Westwalls interessante Sekundärbiotope, Lebensraum für Flechten und Fledermäuse, Wildkatzen und Höhlenspinnen. Bandartig durchzieht die Höckerlinie die Eifel und stellt als wenig genutztes Landschaftselement einen wertvollen Rückzugsraum für Insekten und Kleintiere, aber auch für Pflanzen dar. Viele Abschnitte der Höckerlinie wurden nach dem Krieg aufgeforstet, heute sind dies wertvolle Gehölzriegel, die als Lebensraum für Vögel dienen.

Die „Höckerlinie" im deutsch-belgischen Grenzgebiet, eine ehemalige Panzersperre und heute wertvoller Sekundärlebensraum

Wanderung am Eifel-Blick WEISSER STEIN

ckenlandschaft von Udenbreth stellt aufgrund ihrer Vielgestaltigkeit einen wundervollen Lebensraum für Vögel und Kleintiere dar. Nach 500 Metern mündet der Weg auf eine Wirtschaftsstraße.

(3) Auf diese biegen Sie nach links ein und wandern entlang verwilderter Hecken aus Weißdorn, in die noch Hainbuchen und Ahorn als Durchwachser gepflanzt wurden. Die Viehweiden zeigen Quellhorizonte mit Feuchtwiesen. Nach 250 Metern halten Sie sich an der nächsten Wegekreuzung geradeaus; die Straße wandelt sich hier zum Wirtschaftsweg. Nach etwa 50 Metern queren Sie die „Höckerlinie" des Westwalls, die an dieser Stelle leider kein wertvolles Biotop ist: mit Fichten zugepflanzt, kann die so entstandene Dunkelheit keinen weiteren Pflanzen Lebensraum bieten. Für die nächsten 400 Meter wandern Sie, ungeachtet eines querenden Wegs, zwischen artenreichen Hecken hindurch, die im Sommer angenehmen Schatten spenden. Sie befinden sich auf dem Wanderweg A6, der Sie bis zu einer querenden Ortsstraße „Zum Wilsamtal" führt.

(4) Auf diese biegen Sie mit dem A6 nach links ab und kommen nach 100 Metern an eine Straßenkreuzung.

(5) Sie biegen mit dem A6 nach rechts auf die Straße „Neuhof" ab und folgen dieser für 200 Meter.

(6) Am Haus Nr. 50 biegen Sie mit dem A6 nach rechts ab und wandern zwischen Hecken hindurch auf einem Feldweg in die offene Feldflur. Das Grünland wird von Gehölzstreifen gerahmt, die von blühenden Wiesen oder Gräben gesäumt sind, an denen Hochstauden der Feuchtgebiete wachsen. Ungeachtet querender Wege folgen Sie diesem Weg für einen Kilometer geradeaus. Dort, wo an einem Fichtenwäldchen

Wiesenrandstreifen am Weißen Stein bei Udenbreth mit den heute seltenen Arten Bärwurz (weiß) und Waldstorchschnabel (violett)

Durch die Heckenlandschaft bei Udenbreth und das Quellgebiet der Kyll

DIE HECKENLANDSCHAFT BEI UDENBRETH

Udenbreth zeichnet sich durch eine außerordentliche Dichte und Vielfalt an Flurgehölzen aus. Wie in einem großen Park rahmen Hecken die Wiesen und Weiden in Dorfnähe, gruppieren sich Waldinseln malerisch in Senken, ziehen sich Baumreihen entlang kleiner Bäche oder über die Kämme der Hügel.

Während für das Monschauer Land homogene Hecken mit der Buche als vorherrschender Baumart typisch sind, gibt es in Udenbreth ein großes Spektrum an Baum- und Straucharten, aus denen sich die Hecken zusammensetzen. Häufig besteht hier die Basishecke aus Weißdornsträuchern, die mit anderen Straucharten wie Rotem und Schwarzem Holunder oder auch mit Hainbuche durchsetzt sind. Nicht selten thronen über der niedrigen Basis Baumwipfel: Ahorn, Linde, Hainbuche, seltener auch Buche oder Eiche wurden als junge „Durchwachser" in die Hecken hineingepflanzt, dienen als erwachsene Bäume dem Windschutz während der kalten Jahreszeit und bieten im Sommer kühlenden Schatten oder liefern Holz.

Oft besitzen Hecken Blühsäume, Randstreifen mit blühenden Kräutern, die Insekten noch Nahrung bieten, wenn die Wiesen längst gemäht sind. Tagfalter wie Brauner Waldvogel, Ochsenauge, Dickkopffalter oder Weißlinge umflattern Bärenklau und Brennnessel, Johanniskraut, Flocken- und Witwenblume. Wo sich Gräben zwischen Weg und Wiese entlang ziehen, blühen Vergissmeinnicht, Hahnenfuß und Binsen. Manchmal weiten sich Böschungen zu Gehölzbra-

Parkartige und strukturreiche Heckenlandschaft mit Blühsäumen bei Udenbreth

Wanderung am Eifel-Blick WEISSER STEIN

chen: Hundsrose, Ginster und Brombeere bilden schützende Dickichte für Kleinsäuger und Vögel. Zum Graben hin erheben sich die beeindruckenden Hochstauden der Feuchtgebiete: Raues Weidenröschen, Gilbweiderich, Ziest oder Mädesüß.

Hecken mit Blühsäumen sind die idealen Lebensräume für Singvögel und Kleinsäuger: Garten-, Dorn- und Mönchsgrasmücke lassen hier regelmäßig ihr flötendes Plaudern ertönen, die Goldammer beeindruckt mit ihrem leuchtend gelben Kopfgefieder und lässt bevorzugt aus isoliert stehenden Einzelgebüschen heraus ihre kurze Melodie mit dem schnurrenden Endlaut hören. Ringeltauben nutzen das Geäst zur Ruhe; in höheren Bäumen haben Bussarde ihren Jagdansitz. Das schnarrende Zwitschern von Wacholderdrosseln tönt häufig aus den Hecken, und auch das aufgeregte Plaudern der Distelfinken ist am Ortsrand nicht selten. Wo Weißdorn und Hundsrose oft vorhanden sind, kommt der Neuntöter vor, ein Insektenjäger der weiter entfernten Wiesen. Im Herbst nutzen Krähen die Hecken als Rast- und Aussichtsplätze für die Futtersuche auf den abgeernteten Wiesen. Mäuse und Wühler huschen am Boden entlang, Schläfer klettern im Geäst und finden Deckung, Nistplatz und Nahrung. Udenbreth bietet durch sein artenreiches Gehölzspektrum in der bewirtschafteten Landschaft viel Lebensraum für heimische Tiere und Pflanzen.

Am Wegesrand: der Braundickkopf auf Johanniskraut

Durch die Heckenlandschaft bei Udenbreth und das Quellgebiet der Kyll

zwei Wege nach links abbiegen, gehen Sie noch circa 70 Meter geradeaus und überqueren den Lewertbach.

(7) Anschließend biegen Sie auf den untergeordneten Weg A1/A2 nach rechts ein, der, von einer prächtigen Durchwachserhecke gesäumt, bergan führt und streckenweise Hohlwegcharakter annimmt. Die hoch gelegenen Böschungen zeigen den Blütenreichtum der historischen Kulturlandschaft und verströmen im Juni den angenehm-aromatischen Duft der Bärwurz. Zahlreiche Falter gaukeln über die Blüten, Wollschweber schieben sich im Standflug von Blüte zu Blüte. Nach 500 Metern mündet der Weg an einem landwirtschaftlichen Aussiedlerhof (van Kanns-Hof) auf die querende Wirtschaftsstraße „Zum Lewerttal".

(8) Auf diese biegen Sie nach rechts ein. Sie wandern nun hangparallel unterhalb des Gipfels der Folterhöhe, der auf gut 656 Metern über dem Meeresspiegel liegt, und können wunderschöne Fernblicke in die umgebende Hügellandschaft genießen, die von Hecken durchzogen ist. Nach 500 Metern mündet die Lewerttal-Straße im Ortsteil Schüttenberg in die Straße „Zum Wilsamtal".

(9) Auf diese biegen Sie nach rechts ein und folgen ihr erneut, aber nur für circa 100 Meter.

(10) Anschließend biegen Sie nach links ab und finden eine Tafel mit Erläuterungen zu den Bachtälern der Hocheifel und zum Gebirgsstelzenpfad. Von den beiden hier abgehenden Wegen nehmen Sie die rechte Wirtschaftsstraße (Matthiasweg) und folgen ihr für 500 Meter hangabwärts ungeachet abzweigender untergeordneter Wege bis zu einer Kreuzung auf der Talsohle. Hier verlassen Sie den Matthiasweg wieder und halten sich geradeaus in Richtung „Zitterwaldhütte". Sie überqueren einen Quellbach der Wilsam über eine neuartige Brücke (s. S. 131). Die Talaue wurde hier von Fichten befreit, und Sie können nun das Aufwachsen eines Naturwalds beobachten. Der Kontrast zwischen dem dunklen, artenarmen Fichtenwald und dem pulsierenden Leben im lichtreichen Naturwald ist überdeutlich. Das melodische Flöten der Mönchsgrasmücke ist überall zu hören, elfenhaft flattert die Blauflügel-Prachtlibelle am Bach entlang, Rehe springen aus der Deckung im niedrigen Dickicht. Die Bachtäler sind auch der Lebensraum des Schwarzstorchs, der sich durch Schutzmaßnahmen wie die Renaturierung wieder ausbreitet. Einen gleichrangigen Abzweig nach rechts nach 150 Metern lassen Sie unbeachtet. Nach weiteren 250 Metern queren Sie einen zweiten Quellarm der Wilsam. Kurz darauf passieren Sie eine Schranke. Der Weg führt nun nach rechts wieder den Hang hinauf. Ungeachtet abzweigender Wege nach links kommen Sie nach 350 Metern an einen Abzweig nach rechts.

(11) Sie verlassen jetzt die Richtung „Zitterwaldhütte", biegen nach rechts ein auf die Wanderwege A7/9, gehen zunächst hangparallel, dann abwärts und queren nach 600 Metern in einer ausladenden Rechtskehre den Rabensiefen, einen weiteren Quellbach der Kyll. Sie wandern noch 300 Meter weiter bergan um die nächste große Linkskehre.

(12) In stumpfem Winkel biegen dahinter die Wanderwege A7/9 nach rechts ab und verlaufen bergan als untergeordnete Wege, die sich über 750 Meter zu einem Fußpfad verschmälern und am Skilift auf eine Wirtschaftsstraße münden.

(13) Auf diese biegen Sie nach links ab und erreichen nach 400 Metern wieder den Parkplatz „Weißer Stein".

Wanderung am Eifel-Blick WEISSER STEIN

DER EISVOGEL

Jeder kennt sie, doch kaum jemandem gelingt es, diese farbenprächtigen „fliegenden Juwelen" in der Natur zu Gesicht zu bekommen. Gute Chancen haben Sie bei Spaziergängen durch die Bachtäler der Eifel, wo Sie mit etwas Glück beobachten können, wie der leuchtend türkis-blaue Vogel unter dem Laubdach der Bäume den Bach entlang schießt.

Eisvögel sind Zeigerorganismen für intakte Landschaften. Vor allem ihre Eigenschaft, Nester in selbst gegrabenen Höhlen in den Hängen lehmiger Steilufer anzulegen, erfordert unverbaute, frei mäandrierende Bäche, von denen es in der Hocheifel im deutsch-belgischen Grenzgebiet einige gibt. Nur derartige Bäche haben die Fähigkeit, sich entsprechend tief in die Talaue einzugraben und lehmige Steilufer für diese Tierart herauszuerodieren. Zudem brauchen Eisvögel klares Wasser, damit sie ihre Beute beim Stoßtauchen sehen können.

Eisvögel benötigen das ganze Jahr über offene Gewässer, sodass in kalten, langen Wintern, wenn die Bäche der Eifel zufrieren, die Populationen von den Mittelgebirgen ins Tiefland abwandern. Wenn auch die Gewässer des Tieflands zufrieren, verhungern viele Eisvögel oder wandern, falls sie noch kräftig genug sind, bis Frankreich oder gar Spanien ab. Doch da Eisvögel eine bis zwei, in manchen Jahren auch drei Bruten mit bis zu sieben Jungen großziehen, kann die Art die Verluste des Winters durch hohe Vermehrungsraten schnell wieder ausgleichen.

Während im vorigen Jahrhundert Eisvögel aktiver Bejagung unterlagen, weil ihre Federn sowohl für die Fliegenfischerei als auch für Damenhüte Verwendung fanden, wird die heute streng geschützte Art durch das Begradigen und Verbauen von Bächen, das heißt, durch die Zerstörung ihrer Lebensräume, dezimiert. Glücklicherweise wird dem in der Eifel entgegengewirkt (s. S. 131). Die Gemeinde Hellenthal hat diesen Bewohner ihrer Bäche derartig schätzen gelernt, dass sie ihn zum Gemeinde-Maskottchen erkoren hat.

Maskottchen der Gemeinde Hellenthal: der Eisvogel

Friedhof
bei Dahlem-Kronenburg

Dieser Eifel-Blick liegt auf einer Höhe von 580 Metern.

Burgruine
bei Dahlem-Kronenburg

Von diesem Eifel-Blick (564 Meter Höhe) im Zentrum des malerischen historischen Ortskerns bietet sich ein attraktiver Blick über das Kylltal und den Stausee.

REGION 5

INFORMATIONEN

FRIEDHOF BEI DAHLEM-KRONENBURG

ANFAHRT: 53949 Kronenburg, Gerichtsstraße; Parkplatz am Friedhof. GPS-Koordinaten (WGS 84): N 50° 22.060' E 006° 28.945'

ÖPNV: aus Richtung Köln oder Trier mit der Bahn bis Dahlem, von dort weiter mit der Buslinie 834 (Tel. 01804/15 15 15, mindestens 60 Minuten vor Abfahrt bestellen)

BARRIEREFREI: Der Eifel-Blick ist vom Friedhofsparkplatz stufenlos und ohne Steigung erreichbar, circa 20 Meter der Strecke führen über eine Rasenfläche.

WANDERN: Wanderkarte 1:25.000 des Eifelvereins Nr. 15 „Oberes Kylltal". Der Eifel-Blick liegt am Jugendherbergsverbindungsweg und ganz in der Nähe des Willibrordusweges (HWW 5), außerdem führt auch der örtliche Wanderweg KB 4 zum Aussichtspunkt.

RADFAHREN: Mit dem Fahrrad erreichen Sie den Eifel-Blick über die Historische Ortskernroute, und die Drei-Länder-Route verläuft ganz in der Nähe durch den Burgort.

WEITERE EIFEL-BLICKE IN DER UMGEBUNG: Burgruine bei Dahlem-Kronenburg (s. S. 142/143), Missionskreuz Heidenkopf bei Dahlem (s. S. 72/73), Friedhof bei Dahlem (s. S. 74/75), Weißer Stein bei Hellenthal-Udenbreth (s. S. 128/129).

INFORMATION: Tourist-Information Oberes Kylltal, Burgberg 22, 54589 Stadtkyll, Tel. 06597/28 78, Fax 06597/48 71,
www.obereskylltal.de

MUSEEN: Eisenmuseum Jünkerath, Römerwall 12, 54584 Jünkerath, Tel. 06597/14 82, Öffnungszeiten: Di-Fr/So/Feiertage 13-16.30 Uhr

BLICKPUNKTE: Der Burgort Kronenburg, erstmals urkundlich erwähnt im Jahre 1277, verdankt seine Entstehung seiner strategisch günstigsten Lage, von der aus das obere Kylltal beherrscht werden konnte. Die spätgotische Kirche St. Johannes von 1509 ist eine der seltenen Einstützenkirchen: Ihre vier Gewölbe werden von einem einzigen Pfeiler in der Mitte getragen. Besondere Bedeutung erlangte der Ort durch seine Eisenhütte in Kronenburgerhütte im 18. und 19. Jahrhundert.

Das Blickfeld öffnet sich in einem Winkel von Nordosten über Osten nach Süden. Wenn Sie das Panoramabild auf Seite 140/141 mit einer hypothetischen Uhrenskala von 9:00-15:00 Uhr hinterlegen, erhebt sich im Nordosten (links) bei 9:30 Uhr im Mittelgrund der Pirensberg-Kalkrücken (541 Meter Höhe) in der Blankenheimer Kalkmulde. Er beherbergt ein knapp sieben Hektar großes Naturschutzgebiet, den Restbestand ehemals ausgedehnter Kalk-Halbtrockenrasen mit schützenswerten Tier- und Pflanzenarten. Rechts daneben, bei 9:45 Uhr, werden die Kalktriften mit den offenen Felsbereichen der Kalkköpfe bei Dahlem sichtbar, die zu dem gleichnamigen 99 Hektar großen FFH-Gebiet gehören.

Der Ort Baasem, der bereits 867 als „Basenheim" urkundlich genannt wurde, zieht sich zwischen 9:30 und 10:30 Uhr durch den Vordergrund. Sehenswert ist die zweischiffige Hallenkirche, erbaut um 1500, mit einem Spätrenaissancealtar aus dem 17. Jahrhundert. Im Osten, zwischen 11:00 und 11:30 Uhr, erhebt sich im Mittelgrund de 563 Meter hohe Ermberg. Auch dieses Naturschutzgebiet beherberg viele seltene Pflanzenarten der Kalkböden.

Weiter südlich ist Jünkerath auszumachen. Das einstige römische Straßenkastell lag an der Römerstraße Köln – Trier. Später gelangte der Ort wegen seiner Eisenindustrie zu Bedeutung, die im dortigen Eisenmuseum dokumentiert wird. Das örtliche Bahnhofsgebäude stammt aus dem 19. Jahrhundert. Jünkerath wird durch das Kylltal von Stadtkyll getrennt. Die Kyll, die am Losheimer Graben an der Grenze zu Belgien entspringt und bei Trier in die Mosel mündet, ist mit 142 Kilometern der längste Fluss der Eifel. Sehenswert im Luftkurort Stadtkyll sind die Pfarrkirche St. Joseph und die Kapelle St. Hubertus in Niederkyll mit römischem Denkmal.

Bei 13:00 Uhr ist im Südosten die auffällige Kuppe der Dreiser Höhe (611 Meter) am Horizont erkennbar. Die bewaldete Doppelkuppe des Steinert (635 beziehungsweise 638 Meter), geteilt durch den Homertseifen, bildet im Süden zwischen 14:30 und 15:00 Uhr den Horizont.

INFORMATIONEN

BURGRUINE BEI DAHLEM-KRONENBURG

Anfahrt: 53949 Kronenburg; Parkplatz in der Burgstraße. Der Weg zur Ruine ist ausgeschildert. GPS-Koordinaten (WGS 84): N 50° 22.060' E 006° 28.945'

ÖPNV: aus Richtung Köln oder Trier mit der Bahn bis Dahlem, von dort weiter mit der Buslinie 834 (Tel. 01804/15 15 15, mindestens 60 Minuten vor Abfahrt bestellen)

Wandern: Wanderkarte 1:25.000 des Eifelvereins Nr. 15 „Oberes Kylltal". Der Eifel-Blick liegt am Willibrordusweg (HWW 5), am örtlichen Rundweg „Rund um Kronenburg" und am Quellenpfad, ein Informationsfaltblatt ist in der Tourist-Information Oberes Kylltal erhältlich (s. u.). In der Nähe verlaufen außerdem noch Jugendherbergsverbindungsweg und der Rhein-Kyll-Weg (HWW 14).

Weitere Eifel-Blicke in der Umgebung: Friedhof bei Dahlem-Kronenburg (s. S. 140/141), Missionskreuz Heidenkopf bei Dahlem (s. S. 72/73), Friedhof bei Dahlem (s. S. 74/75), Weißer Stein bei Hellenthal-Udenbreth (s. S. 128/129).

Information: Tourist-Information Oberes Kylltal, Burgberg 22, 54589 Stadtkyll, Tel. 06597/28 78, Fax 06597/48 71, www.obereskylltal.de

Blickpunkte: Der Sichtwinkel von der Burgruine öffnet sich von Süden über Westen nach Nordwesten über das Kylltal. Innerhalb der Ringmauer Kronenburgs steht eine Vielzahl restaurierter alter Häuser, die dem Ort sein mittelalterliches Gesamtbild verleihen. Der Turm der Einstützenkirche St. Johannes diente früher als Verteidigungs- und Signalturm der Ortsbefestigung.

Wenn Sie das Panoramabild auf Seite 142/143 mit einer hypothetischen Uhrenskala von 9:00–15:00 Uhr hinterlegen, erhebt sich im Süden zwischen 9:00 und 11:30 Uhr die bewaldete, durch den Hohnertseifen geteilte Doppelkuppe des Steinert (635 beziehungsweise 638 Meter). Im Vordergrund der rechten Kuppe liegt der Kronenburger See, der die an der deutsch-belgischen Grenze entspringende Kyll auf einer Länge von etwa 1,5 Kilometern und einer Fläche von 28 Hektar staut, mit seinen Freizeitanlagen. Dieser Stauweiher – die Staumauer erreicht eine Höhe von 18 Metern über dem Talgrund – wurde 1973 bis 1977 ursprünglich als Regenrückhaltebecken gebaut, dient heute aber auch touristischen Zwecken. Segeln, Surfen, Angeln und Schwimmen vor attraktiver Landschaftskulisse sind hier möglich, zudem gibt es ein Strandbad, eine Minigolf-Anlage und einen Tennisplatz.

Im Westen, bei 12:00 Uhr, liegt Hallschlag. Der Ort wurde erstmals im Jahre 1322 urkundlich erwähnt und gehörte zur Herrschaft Kronenburg. Relikte der ehemaligen Westwall-Anlagen sind dort noch in der Landschaft erkennbar. Auch der Ort Scheid – der Name leitet sich von „Wasserscheide" ab –, sichtbar bei etwa 12:30 Uhr, lag im Zweiten Weltkrieg unmittelbar am Westwall. Scheid war im Jahr 2004 bundesweit in den Schlagzeilen, als ein wohlhabender Texaner dort ein 18 Meter langes Stück des Westwalls erwarb und es nach Texas abtransportieren ließ.

Dieser Eifel-Blick liegt auf einer Höhe von 644 Metern auf dem lang gezogenen Bergrücken der Schneifel in der Nähe des Schwarzen Manns, der mit 697 Metern höchsten Erhebung im Naturpark Nordeifel und der dritthöchsten der Eifel.

INFORMATIONEN

SCHWARZER MANN BEI PRÜM-SELLERICH

Anfahrt: 54608 Sellerich, Schwarzer Mann; Parkplatz Nr. 7 „Am Tranchot-Stein" an der K 108. GPS-Koordinaten (WGS 84): N 50° 14.832' E'006°20.607'

ÖPNV: aus Richtung Köln oder Trier mit der Bahn bis Gerolstein, von dort Buslinie 411 bis Prüm, dann mit Buslinie 417/418 bis Ortsmitte Sellerich (Buslinien verkehren nur sporadisch) und zu Fuß der Ausschilderung Richtung Hontheim folgen

Wandern: Wanderkarte 1:25.000 des Eifelvereins Nr. 17 „Prümer Land". Der Eifel-Blick liegt in der Nähe des Matthiaswegs (HWW 6).

Radfahren: Vom Eifel-Ardennen-Radweg gelangen Sie über Bleialf und die Schneifel-Höhenstraße direkt zum Eifel-Blick.

Weitere Eifel-Blicke in der Umgebung: Dreiländerblick bei Prüm-Buchet (s. S. 150/151), Auf dem Köpfchen bei Prüm-Habscheid (s. S. 152/153), Katzenkopf bei Prüm-Gondenbrett (s. S. 106/107)

Information: Tourist-Information Prümer Land, Hahnplatz 1, 54595 Prüm, Tel. 06551/505, Fax 06551/76 40, www.pruem.de

Blickpunkte: Der Schwarze Mann zählt zu den beliebtesten Wintersportgebieten in Rheinland-Pfalz und bietet während der schneefreien Zeit ein gut erschlossenes Wanderwegenetz. Die Sendeanlage „Schnee-Eifel" der Deutschen Telekom steht auf 690 Metern Höhe und hat einen 224 Meter hohen, abgespannten Stahlrohrmast, der als Antenne dient.

Der Eifel-Blick auf dem lang gestreckten Höhenrücken der Schneifel öffnet Ihnen einen Sichtwinkel von Nordosten (links) über Osten nach Süden (rechts) und bietet einen eindrucksvollen Fernblick über Kalk- und Vulkaneifel. Wenn Sie das Panoramabild auf Seite 146 mit einer hypothetischen Uhrenskala von 9:00-15:00 Uhr hinterlegen, erkennen Sie im Nordosten bei etwa 9:30 Uhr, dort, wo der ferne Horizont links beginnt, den Ernstberg, ein Vulkan südöstlich von Hinterweiler und mit 699 Metern der zweithöchste Berg der Eifel. Rechts davor liegt der Scharteberg, ein 691 Meter hoher Vulkan bei Kirchweiler, und am Horizont ist der 302 Meter hohe Sender „Eifel" des SWR erkennbar. Rechts dahinter zeichnet sich im Osten bei 10:30 Uhr der Nerother Kopf mit der Ruine der Burg Freudenkoppe am Horizont ab – ein 647 Meter hoher Schlackenkegel westlich von Daun. Die Kuppe ist mit einem mächtigen Buchenwald bewachsen, von dem 1978 eine Fläche von 74 Hektar unter Naturschutz gestellt wurde. Weiter südlich, zwischen 11:00 Uhr und 11:30 Uhr, sind die großen Windräder im Bereich Fleringen auszumachen, und vor dem Horizont zieht sich das westlich von Prüm zwischen Gondenbrett und Weinsfeld gelegene Mehlenbachtal entlang. Dort wurde 1997 eine 168 Hektar umfassende Fläche unter Naturschutz gestellt, auf der der unverbaute, frei mäandernde Bachlauf und wechselfeuchte, artenreiche Wiesen geschützt werden.

Die Prümer Kalkmulde erstreckt sich zwischen 12:00 und 13:00 Uhr und ist mit circa 240 Quadratkilometern die größte und bekannteste unter den Eifeler Kalkmulden. Hier liegt das Naturschutzgebiet „Schönecker Schweiz" mit seinen bedeutenden Kalkmagerrasen und Wacholderheiden (s. S. 112). Als „Kyllburger Waldeifel" wird die Umgebung des mittleren und unteren Kylltals bezeichnet, dessen Höhenlagen zwischen 300 und 500 Metern variieren, die im Südosten zwischen 12:30 und 13.30 Uhr am Horizont zu sehen ist und im Westen an das Bitburger Gutland grenzt. Bei Neuheilenbach ist auf 555 Metern der Sendemast am Grabenbüsch erkennbar. Bei Weinsheim liegt die Quelle der Nims, die in ihrem Oberlauf das Wasser aus den Gesteinen der Prümer Kalkmulde sammelt und bei Irrel in die Prüm mündet. Mit sehr guter Fernsicht sind bei circa 13:30 Uhr am Horizont die rund 80 Kilometer entfernten Höhenzüge des Hunsrücks auszumachen. Südlich liegt das Tal der Prüm, die bei Neuenstein in der Schneifel auf etwa 635 Metern Höhe entspringt, auf ihrem 90 Kilometer langen Weg bis zur Mündung in die Sauer um 480 Meter abfällt und ein Gebiet von 445 Quadratkilometern entwässert.

DIE SCHNEIFEL

Die Schneifel ist mit circa 15 Kilometern Länge der größte von mehreren Höhenrücken (unter anderem Losheimer Wald und Duppacher Rücken), die die westliche Hocheifel bilden. „Quarzithärtlinge" nennen die Geologen diese Bergrücken, was bedeutet, dass das Gestein aufgrund seiner Härte im Verlauf der Jahrtausende langsamer erodiert ist und die Hügel dadurch höher aufragen als die benachbarten. Mit 697 Metern stellt der Schwarze Mann den höchsten Punkt der Schneifel dar.

Von besonderer Bedeutung ist, dass dieser Bergrücken zusammenhängend bewaldet ist und damit ein Refugium für Tierarten darstellt, die große Waldareale zum Leben benötigen. Dazu gehören zum Beispiel Schwarzstorch, Wildkatze oder der sehr seltene Raufußkauz. Der Tannenhäher hat hier sein größtes Verbreitungsgebiet in Rheinland-Pfalz. Wegen ihrer seltenen und wertvollen Tier- und Pflanzenbestände wurde die Schneifel mit 3.665 Hektar Größe als FFH-Gebiet der Europäischen Union ausgewiesen, was eine großflächige Umstellung in diesem Bereich auf sogenannte „naturnahe Waldbewirtschaftung" zur Folge hatte (s. S. 156).

Der Bergrücken, der von Nordost nach Südwest verläuft, besitzt eine sanfter abfallende Nordflanke und eine steilere Südflanke. Die Niederschläge, die lokal mit rund 1.300 Millimetern pro Jahr sehr reichlich fallen, sammeln sich in Bächen, die über die Flanken abfließen und sie dadurch zerlappen, wie etwa der sich an der Nordflanke bildende Alfbach. Durch die hohen Niederschläge sind Moorheiden und Moorwälder entstanden, und daher wundert es nicht, dass Sie am Alfbach auf den Moorpfad treffen (s. S. 82). Dieser führt Sie durch Bestände von Besenheide und Blaubeere, gelegentlich durchsetzt mit der seltenen Rauschbeere und dem Faulbaum. Rippenfarn leuchtet neongrün zwischen Grashorsten, Torfmoospolster zeigen sich an nassen Stellen, an moorigen Bachläufen finden sich größere Bestände mit gelber Moorlilie oder purpurfarbener Glockenheide. Selbst den Königsfarn gibt es hier noch. Die Schneifel bildet ein Mosaik aus verschiedenen Waldtypen und Feuchtgebieten, die Rückzugsräume für viele seltene Tier- und Pflanzenarten bieten.

Der Moorpfad in der Schneifel: Bohlenweg durch einen urwüchsigen Moorbirkenwald am Alfbach

Dreiländerblick bei Prüm-Buchet

Dieser Eifel-Blick liegt am Hang des Schwarzen Manns nahe der Ortschaft Buchet auf einer Höhe von 604 Metern.

Auf dem Köpfchen
bei Prüm-Habscheid

Dieser Eifel-Blick in der Nähe von Habscheid liegt auf einer Höhe von 520 Metern und bietet ein Dreiviertelkreis-Panorama vom Ourtal über Alfbachtal, Schneifel, Prümtal und die Prümer Kalkmulde.

INFORMATIONEN

DREILÄNDERBLICK BEI PRÜM-BUCHET

ANFAHRT: 54608 Buchet, Schwarzer Mann; Parkplatz Nr. 8 „Brandscheider Kreuzung" an der Kreuzung K 108 mit L 17, von dort ist der Fußweg zum Eifel-Blick ausgeschildert. GPS Koordinaten (WGS 84): N'50° 14.287' E'06° 19.812'

ÖPNV: aus Richtung Köln oder Trier mit der Bahn bis Gerolstein, von dort Buslinie 411 bis Prüm, dann mit Buslinien 417/418 bis Ortsmitte Sellerich (Buslinien verkehren nur sporadisch) und zu Fuß der Ausschilderung Richtung Hontheim folgen

WANDERN: Wanderkarte 1:25.000 des Eifelvereins Nr. 17 „Prümer Land". Der Eifel-Blick liegt unweit des Matthiaswegs (HWW 6) und unmittelbar am Gebietswanderweg 18.

RADFAHREN: Vom Eifel-Ardennen-Radweg gelangen Sie über Bleialf und Buchet direkt zum Eifel-Blick.

WEITERE EIFEL-BLICKE IN DER UMGEBUNG: Auf dem Köpfchen bei Prüm-Habscheid (s. S. 152/153), Katzenkopf bei Prüm-Gondenbrett (s. S. 106/107), Schwarzer Mann bei Prüm (s. S. 146/147)

INFORMATION: Tourist-Information Prümer Land, Hahnplatz 1, 54595 Prüm, Tel. 06551/505, Fax 06551/76 40, www.pruem.de

MUSEEN: Besucherbergwerk „Mühlenberger Stollen", 54608 Bleialf, Tel. 06555/10 16 und –85 04, Öffnungszeiten: Mai bis Oktober Sa/So 14–17 Uhr, letzte Führung 16.15 Uhr. Wegen der niedrigen Temperatur im Stollen sollte auf entsprechende Kleidung geachtet werden.

BLICKPUNKTE: Der „Dreiländerblick" bei Buchet öffnet Ihnen einen Sichtwinkel von Süden (links) über Westen nach Nordwesten (rechts) und bietet nach Südwesten hin einen eindrucksvollen Fernblick über Bleialf und das Alfbachtal hinweg bis nach Luxemburg und im Westen bei klarer Sicht bis ins Hohe Venn in Belgien.

Wenn Sie das Panoramabild auf Seite 150/151 mit einer hypothetischen Uhrenskala von 9:00–15:00 Uhr hinterlegen, erkennen Sie im Süden bei etwa 9:30 Uhr am Horizont die Windkraftanlagen bei Habscheid. Dahinter erstreckt sich der Islek, ein Gebiet, das weite Bereiche des Eifelkreises Bitburg-Prüm, Teile der Grenzgebiete von Luxemburg und Belgien umfasst und sich in den Ardennen fortsetzt. Der Islek, der Name leitet sich vom ehemals fränkischen Ösling-Gau ab, ist für seine Naturschönheiten und Fernblicke bekannt. Rechts davon, bei etwa 10:00 Uhr, kommen die Windkraftanlagen bei Heckhuscheid ins Bild, und durch den Mittelgrund zieht sich bis etwa 13:00 Uhr das Alfbachtal, ein 305 Hektar großes FFH- und Naturschutzgebiet, in dem als besondere Tierarten neben der Bachmuschel auch Schwarzstorch und Biber vorkommen.

Der Horizont zwischen 12:00 und 13:00 Uhr wird vom Ösling gebildet, dem luxemburgischen Teil der Ardennen, der eine Höhe von circa 450 bis 560 Metern (die höchste Erhebung liegt in der Nähe von Huldingen) aufweist und über tief eingeschnittene Täler wie zum Beispiel das Sauertal verfügt. Vor dem Horizont liegt bei 12:00 Uhr Winterspelt, bei 12:30 Uhr zeigt sich im Mittelgrund Buchet mit seiner sehenswerten Kapelle, die durch ihre an ein Buchenblatt angelehnte Form den Namen des Orts widerspiegelt. Ziemlich genau im Westen zieht sich zwischen 13:00 und 13:30 Uhr Bleialf mit seiner fast 2.000-jährigen Bergbaugeschichte im hinteren Mittelgrund entlang. Dort befindet sich neben Mechernich und Rescheid eine der drei historischen Bleierzlagerstätten der Eifel; einen Besuch im Besucherbergwerk „Mühlenberger Stollen" sollten Sie nicht versäumen.

Vor dem Horizont zieht sich das Tal der Our entlang. Der Grenzfluss zwischen Deutschland, Belgien und Luxemburg passiert in seinem Oberlauf als kleiner Bach von Hecken umsäumte Weiden, schneidet sich im Mittel- und Unterlauf dann aber mit zahlreichen Windungen bis zu 150 Meter tief ins Gebirge, dessen Steilhänge mit Wald bewachsen sind, ein und mündet bei Wallendorf in die Sauer.

Im Nordwesten sehen Sie bei circa 14:30 Uhr Oberlascheid, das vor dem Horizont liegt, der dahinter und rechts davon durch das Hohe Venn in Belgien gebildet wird.

INFORMATIONEN

AUF DEM KÖPFCHEN BEI PRÜM-HABSCHEID

Anfahrt: 54597 Habscheid, Hauptstraße (L 16). Am Ortseingang/-ausgang von Habscheid befindet sich der Wanderparkplatz Nr. 11 der Verbandsgemeinde Prüm, von dem ein Fußweg von circa 250 Metern zum Eifel-Blick ausgeschildert ist. GPS-Koordinaten (WGS 84): N 50° 11.263' E 006° 15.197'

ÖPNV: aus Richtung Köln oder Trier mit der Bahn bis Gerolstein, von dort Buslinie 411 bis Prüm, dann Buslinie 418 bis Habscheid (Buslinien verkehren nur sporadisch)

Wandern: Wanderkarte 1:25.000 des Eifelvereins Nr. 17 „Prümer Land". Der Eifel-Blick liegt unweit des Matthiaswegs (HWW 6) und des örtlichen Wanderwegs 22.

Radfahren: Der Eifel-Blick befindet sich in der Nähe des Eifel-Ardennen-Radwegs.

Weitere Eifel-Blicke in der Umgebung: Dreiländerblick bei Prüm-Buchet (s. S. 150/151), Schwarzer Mann bei Prüm-Sellerich (s. S. 146/147), Katzenkopf bei Prüm-Gondenbrett (s. S. 106/107), Wanderparkplatz bei Prüm-Oberlauch (s. S. 108/109)

Information: Tourist-Information Prümer Land, Hahnplatz 1, 54595 Prüm, Tel. 06551/505, Fax 06551/76 40, www.pruem.de

Blickpunkte: Der Eifel-Blick öffnet Ihnen einen Sichtwinkel von Westen (links) über Norden und Osten nach Süden (rechts). Wenn Sie das Panoramabild auf Seite 152/153 mit einer hypothetischen Uhrenskala von 9:00–15:00 Uhr hinterlegen, werden im Südwesten (links) bei etwa 9:30 Uhr (Westen) am Horizont der Ortsteil Eigelscheid der Gemeinde Winterspelt, bei 10:30 Uhr im Nordwesten Prüm-Mützenich sichtbar. Bei 11:30 Uhr sehen Sie den Ort Buchet mit dem Eifel-Blick „Dreiländerblick" (s. S. 150/151). Rechts daneben, im Norden bei circa 12:00 Uhr, bildet der Schwarze Mann mit einer Höhe von 697 Metern, dem gleichnamigen Eifel-Blick (s. S. 146/147 und S. 149) und seinem Sendemast den Horizont.

Zwischen 11:30 und 13:00 Uhr senkt sich das Alfbachtal in die Landschaft (s. Blickpunkte S. 154), davor ist Niederhabscheid im Mittelgrund erkennbar. Rechts davon, im Osten, lässt sich der Kalvarienberg bei Prüm ausmachen (s. Blickpunkte S. 110), im Südosten, bei 14:00 Uhr, liegt der Watzenrather Kopf (530 Meter) und in dessen Nähe der Eifel-Blick „Am Apert" (s. S. 102/103).

Erneut rechts sehen Sie Prüm-Habscheid. Dort wurden römische Siedlungsreste gefunden, die aus dem Jahr 100 nach Christus stammen. In der Nähe verlief zwischen den Tälern von Alfbach und Bierbach eine alte Römerstraße über den Höhenrücken, die eine bedeutende Querverbindung zwischen den übergeordneten Römerstraßen von Trier nach Köln und von Reims nach St. Vith darstellte.

Im Süden, bei 15:00 Uhr, liegt das Bierbachtal; dort stehen seit 1997 circa 30 Hektar der naturnahen Bachlandschaft unter Naturschutz. Am Talausgang befindet sich der Eifelzoo, ein privater Tierpark, gern besucht von Familien mit Kindern.

NATURNAHE WALDWIRTSCHAFT IN DER SCHNEIFEL

Wenn Sie über den Höhenrücken der Schneifel (s. S. 149) wandern, werden Ihnen die Waldarbeiten auffallen, die dort durchgeführt werden. Obwohl das Gebiet ein Fauna-Flora-Habitat (FFH) ist und zu Natura2000, dem europäischen Netz aus Schutzgebieten gehört, ist dort – etwa im Gegensatz zu einem Nationalpark – Waldwirtschaft erlaubt. Allerdings muss sich die Bewirtschaftung an den Zielen des Naturschutzes orientieren und kann nicht forstwirtschaftlicher Gewinnmaximierung dienen. Eine der Vorschriften für FFH-Gebiete ist das sogenannte „Verschlechterungsverbot". Lebensräume dürfen nicht dahingehend verändert werden, dass Arten daraus verschwinden – was ihre pflegliche Behandlung erfordert. Daher wurde – und wird immer noch – in diesem Schutzgebiet die sogenannte „naturnahe Bewirtschaftung" eingeführt.

Eine frühere Form der Waldbewirtschaftung war die Altersklassenwirtschaft: Eine Waldparzelle wurde mit Bäumen einer einzigen Art, zum Beispiel der Fichte, so dicht bepflanzt, dass die heranwachsenden Bäume, die sich gegenseitig beschatteten, gerade genügend Licht erhielten, um eine kleine Krone nach oben hin zu bilden. Tiefer liegende seitliche, waagerechte Äste konnten nicht entstehen, da sie von der fortgesetzt nach oben wachsenden Krone sowie den Nachbarbäumen beschattet wurden. Die Blätter der unteren Äste erhielten auf diese Weise nicht genügend Licht, sodass die Äste abstarben. Dadurch entstanden strukturarme Wälder mit „astreinen", geraden Stämmen und kleiner Krone, die sich gut zu Balken und Brettern verarbeiten ließen. Waren die Bäume nach 80 bis 100 Jahren hiebreif, wurde die Parzelle kahl geschlagen, anschließend wurden junge, gleichaltrige Bäume nachgepflanzt.

Doch führte – ähnlich wie die Intensivwirtschaft auf Äckern und Wiesen (s. S. 115–119) – auch die Altersklassenwirtschaft

Der Faulbaum, eine kleine Baumart mooriger Gebiete. In unreifem Stadium sind die Früchte rot, in reifem schwarz.

zur Verminderung der Artenvielfalt in den heimischen Wäldern: Eine Monokultur besteht definitionsgemäß nur aus einer einzigen Baumart, sodass andere Baumarten fehlen. Wenn Sie einmal die Wälder der Eifel betrachten, wird Ihnen auffallen, dass sie überwiegend von Nadelbäumen, insbesondere von Fichten, geprägt sind. Diese Baumart ist nicht heimisch in der Eifel. In diesem Mittelgebirge, dessen Höhen 750 Meter nicht überschreiten, wäre natürlicherweise die Buche vorherrschende Baumart, gemischt mit anderen Laubbaumarten wie zum Beispiel Eichen, Ahorn, Eschen und Ulmen. Sämtliche Tierarten, die auf Laubbäume spezialisiert sind (dazu gehören vor allem Insekten), können in Nadelwäldern nicht leben. Daher kommen sie dort nicht vor.

Ein anderer Faktor, der in einem Altersklassenwald das natürliche Artenspektrum reduziert, ist die Dunkelheit. Nadelwaldmonokulturen mangelt es an Lichtungen, in denen Sträucher wie Hasel, Holunder, Schwarzdorn, Faulbaum und andere wachsen; Gräser und Kräuter fehlen ebenfalls. Damit sind auch die Tiere abwesend, die in natürlichen Wäldern die Kraut- und

Strauchschicht bevölkern: Insekten-, Vogel- und Säugerarten oder Reptilien.

Ein weiterer Grund für die Artenreduktion ist die Entnahme von Totholz in einem Altersklassenwald: Durch den Kahlschlag und die anschließende Abfuhr des Holzes können Bäume nicht altern, eines natürlichen Alterstods sterben und verrotten. Abgestorbenes Holz jedoch ist bei den wirbellosen Waldbewohnern (wie Insekten und anderen) eine wichtige Lebensgrundlage: So verbringen zum Beispiel viele Käfer- und Wildbienenarten ihr Larvenleben in Totholz. Ohne dieses kommen sie in einem Wald schlicht nicht vor, und damit sind auch ihre Fressfeinde, wie beispielsweise die Spechte, gefährdet.

Um der durch die bisherige Altersklassenwirtschaft geförderten Artenreduktion entgegenzuwirken, werden die Wälder der Schneifel seit einigen Jahren auf die sogenannte „naturnahe Waldwirtschaft" umgestellt. Dazu werden die Fichtenwälder „durchforstet": Einzelne Stämme werden abgeholzt, damit Licht auf den Waldboden fallen kann. Die Wirkung ist augenfällig: Zunächst hat sich eine dichte Krautschicht mit zahlreichen blühenden Pflanzen entwickelt, die Insekten Nahrung und Lebensraum bieten. Aus dieser werden Sträucher aufwachsen und Laubbaumarten wie die Vogelbeere; langfristig werden sich auch Hochwaldarten wie etwa Buchen oder Eichen ansiedeln. „Sukzession" wird diese Abfolge verschiedener Entwicklungsstadien mit ihren jeweils eigenen Lebenswelten genannt.

Auf diese Weise werden strukturreiche Mischwälder aus verschiedenen Baumarten unterschiedlichen Alters entstehen, die später nicht mehr kahl geschlagen werden, sondern aus denen der Förster nur noch vereinzelt Bäume entnimmt. „Einzelstammnutzung" heißt das Schlagwort. Sie imitiert in bewirtschafteten Wäldern natürliche Lichtungen, die in Naturwäldern durch Absterben oder Windwurf entstehen und Sukzession und damit Artenvielfalt ermöglichen.

Durch die Einführung der „naturnahen Bewirtschaftung" in der Schneifel wird gewährleistet, dass sich das auf diesem Höhenrücken an einigen Stellen vorhandene Artenspektrum auf größeren Flächen ausbreiten kann, sodass die existierenden Populationen seltener Tierarten durch die Qualitätsverbesserung ihrer Lebensräume langfristig stabilisiert werden.

Beginn der Sukzession: „durchforsteter" Fichtenwald mit ausgeprägter Krautschicht

DIE AUTORIN

Maria A. Pfeifer, geboren 1958, Diplom-Biologin, ist seit Anfang der 1990er Jahre in der Öffentlichkeitsarbeit über die Landschaft der Eifel und andere Teile des Rheinlands tätig. Sie war sechs Jahre lang Mitarbeiterin im Deutsch-Belgischen Naturpark Hohes Venn-Eifel und ein Jahr im Nationalpark Eifel und ist Autorin und Herausgeberin vieler Bücher über die Landschaften des Rheinlands, insbesondere der Eifel. Im J. P. Bachem Verlag erschienen von ihr unter anderem „Reisen in die Heimat - Siebengebirge" und „ThemenTouren Nationalpark Eifel Band 1-4".

BILDNACHWEIS

Bildarchiv Klaus Grewe, Swisttal: S. 63-65
Eifelsvereinsortsgruppe Reifferscheid, Paul-Joachim Schmülling: S. 123
Grömping, Hans-Wilhelm: S. 131
Pfeifer, Maria A: Umschlagrückseite, S. 10-13, 47, 48, 50-55, 62, 79-83, 87-89, 91-93, 96-99, 112-114, 116-118, 123, 125,-127, 133-137, 149, 156, 157
Pruß, Lars: Titelbild, S. 16/17, 18/19, 22/23, 24/25, 28/29, 30/31, 34/35, 36/37, 40/41, 42/43, 56/57, 58/59, 66/67, 68/69, 72/73, 74/75, 84/85, 100/101, 102/103, 106/107, 108/109, 120/121, 128/129, 140/141, 142/143, 146/147, 150/151, 152/153
VDN-Manuel Schmidt: S. 139
Verkest, José †: S. 14, 49, 94, 95

Wanderbar: Eifelsteig & Eifel-Blicke

Auf dem Eifelsteig und seinen Erlebnisschleifen erwandern Sie die herrliche Ferienregion Nationalpark Eifel und zahlreiche Eifel-Blicke. Während Sie drei, vier oder fünf Tage auf Schuster's Rappen ganz unbeschwert und ohne Last unterwegs sind, wird Ihr Gepäck zum nächsten Etappenziel transportiert. Auf Wunsch erhalten Sie ein GPS-Leihgerät mit integrierter Kamera. Damit finden Sie nicht nur Ihren Weg, sondern können auch Ihre ganz persönlichen Eifel-Blicke fotografieren, die wir Ihnen am Ende Ihrer Tour in einem Fotobuch zusammenstellen. Das soll Sie zuhause an die schönsten Augenblicke Ihrer Wandertour erinnern.

3 Tage Wandern, 3 Übernachtungen mit Frühstück, 3 x Gepäcktransfer

ab 165,00 EUR oder
ab 189,00 EUR mit GPS-Leihgerät & Fotobuch

Prospekt, Info & Buchung

Tourist-Information im Nationalpark-Tor Gemünd
Kurhausstraße 6 . 53937 Schleiden/Eifel . Telefon +49 (0) 2444/2011
www.natuerlich-eifel.de . info@natuerlich-eifel.de

natürlich Eifel
Schleiden im Nationalpark

Blankenheim
Malerischer Burgort und Wiege der Ahr

Burgort mit Flair
- Eifelmuseum
- Freizeitanlagen am Schlossweiher
- verwinkelte Gässchen & historische Bauten

Radvergnügen
- Ahr-Radweg – Die Genießer Tour
- Eifel-Höhen-Route

Ahrquelle · Eifelmuseum · Ahr-Radweg · Schlossweiher · Wandern

Natur(t)räume
- Wandern durch zauberhafte Wiesentäler & Naturschutzgebiete des Oberen Ahrtals
- Tiergarten-Tunnel-Wanderweg
- Themenwanderungen "Naturerlebnis Oberes Ahrtal"
- Eifelsteig und Eifeler Quellenpfad

Infos unter:
Verkehrsbüro Blankenheim
Rathausplatz 16 · 53945 Blankenheim
Tel. (024 49) 87-222 oder -223
Fax (024 49) 87-199
verkehrsbuero@blankenheim.de
www.blankenheim.de

EIFEL Lust auf Natur

Erlebnisregion Nordeifel mit dem Nationalpark Eifel

Wandern: Kulinarische Premiumwanderung, "Eifel-Blicke genießen"
Radfahren: Kulinarische Radtour "Radeln mit Biss"
TOP-Sehenswürdigkeiten:
Pocketguide "Nordeifel Höhepunkte" kostenlos anfordern.

- kostenloser Buchungsservice
- individuelle Urlaubsberatung
- Prospektbestellung (Pocketguide Nordeifel Touren und Nordeifel per Rad)
- Shop (Rad- u. Wanderkarten)
- attraktive Pauschalangebote

Tel. +49 (0)2441 99457-0
info@nordeifel-tourismus.de
www.nordeifel-tourismus.de

Nordeifel Tourismus

Nordeifel Tourismus GmbH
Bahnhofstr. 13
53925 Kall

Bad Münstereifel
Staatlich anerkanntes Kneipp-Heilbad

- Sehenswerter historischer Stadtkern für Geschichts- und Kulturinteressierte
- Landschaftlich reizvolle Mittelgebirgslage für Wanderer und Naturliebhaber
- Aktive Entspannung für Nordic-Walker, Mountainbiker, Läufer, Golfer und andere sportlich Begeisterte
- Kuren, Erholung und Kneipp-Angebote für Gesundheitsbewußte

Wir informieren Sie gerne über unsere Angebote und die vielfältigen Möglichkeiten Ihren Aufenthalt zu gestalten.

BAD MÜNSTEREIFEL

Kurverwaltung · Kölner Straße 13
53902 Bad Münstereifel
Tel. 0 22 53 - 54 22 44 · Fax - 54 22 45
E-Mail: touristinfo@bad-muenstereifel.de
www.bad-muenstereifel.de